© Verlag Zabert Sandmann
München
1. Auflage 2013
ISBN 978-3-89883-364-6

Redaktion	Karen Guckes-Kühl, Karin Kerber, Ulrich Pramann, Dr. Petra Thorbrietz
Redaktionelle Mitarbeit	Edelgard Prinz-Korte, Martina Solter
Wissenschaftliche Mitarbeit	Dr. med. Michael Adolph, Dr. med. Marc Martignoni
Foodstyling	Michael Koch
Rezeptbearbeitung:	Monika Reiter, Gerlinde Hans, André Schellenberg
Grafische Gestaltung	Georg Feigl
Foto Buchumschlag (vorne)	Dr. Kai-Uwe Nielsen
Herstellung	Karin Mayer, Peter Karg-Cordes
Lithografie	Jan Russok
Druck & Bindung	Mohn Media Mohndruck GmbH, Gütersloh

Beim Druck dieses Buchs wurde durch den innovativen Einsatz der Kraft-Wärme-Kopplung im Vergleich zum herkömmlichen Energieeinsatz bis zu 52 % weniger CO_2 emittiert.

Besuchen Sie uns auch im Internet unter www.zsverlag.de

ALFONS SCHUHBECK
DR. MED. MICHAEL ADOLPH • DR. MED. MARC MARTIGNONI

DIE SCHUHBECK DIÄT

Iss dich schlank mit viel Energie und wenig Kalorien

ZABERT SANDMANN

Inhalt

Genuss ist der Schlüssel zum Abnehmerfolg

Keine Diät macht Spaß. Aber immerhin bieten Diäten ja manchmal wenigstens Stoff für Spaß. So sagt ein Arzt zu einer Patientin, die gerne abnehmen möchte: »Da hilft nur viel Bewegung.« Die Mollige fragt: »Meinen Sie Kniebeugen und so, Herr Doktor?« »Nein. Kopfschütteln, immer wenn Ihnen etwas zum Essen angeboten wird.«

»Nein« stimmt nicht. Hungern muss nicht sein – und sollte auch nicht sein. Wenn der Magen ständig knurrt, kann es mit dem Abnehmen nichts werden.

Leider schmilzt überflüssiges Fett nicht wie von Zauberhand oder durch Pillen. Und auf die Schnelle oder durch dogmatisches Kalorienzählen wird auch keiner schlank. Wer seinen Pfunden ernsthaft zu Leibe rücken will, sollte vier Dinge tun: die Ernährungsgewohnheiten umstellen, sich satt essen, sich mehr bewegen und einen langen Atem haben.

Abnehmen mit Genuss – in diesem Buch zeige ich Ihnen einen neuen Weg zum Erfolg. Wie Sie schlemmen und sich satt essen können – und dabei dennoch schlank werden.

Beste Nährstoffe, höchster Geschmack – dies ist ein besonderes Abnehmbuch, eines für Genießer. Sie finden hier keine Verzichtsregeln oder freudlose Magenfüller, sondern Hilfestellungen, wie Sie ohne großen Aufwand Ihren Speiseplan auf gesundes, leckeres Essen umstellen können. Der Wert meiner Küche ist einfach erklärt: Sie schmeckt und ist gesund. Denn natürlich achte ich beim Kochen darauf, die Kalorien zu reduzieren.

Wer abnehmen will, versucht ja normalerweise immer, Kalorien zu sparen, indem er weniger isst. Neue Untersuchungen bestätigen, dass es viel besser ist, sich satt zu essen und dabei Kalorien zu sparen.
Darauf beruht auch unser Konzept der Energiequalität. Sie ist die neue Zauberformel für gesundes Abnehmen.

Statt vollmundiger und fragwürdiger Patentrezepte, die in der Praxis nicht funktionieren, schlage ich Ihnen Rezepte vor, die Sie ohne Probleme in den Alltag einbauen können. Ich bin überzeugt davon, dass wir vor allem gut essen müssen, um nachhaltig ein vernünftiges Gewicht zu halten. Nur dann bleiben wir auf Kurs und bei Laune, anstatt immer wieder schwach zu werden und uns im Alltagsstress mit verführerischen Kalorienkicks kurzfristig zu belohnen – und danach von einem schlechten Gewissen geplagt zu werden. Übrigens bestätigt eine aktuelle ernährungswissenschaftliche Studie: Was wir mit Genuss essen, macht weniger dick als das, was wir nur essen, weil es angeblich gesund ist.

Dieses Ziel wird in diesem Buch von zwei renommierten Ernährungsexperten wissenschaftlich begleitet. Priv.-Doz. Dr. med. Michael Adolph vom Universitätsklinikum Tübingen gehört dem Vorstand der Deutschen Gesellschaft für Ernährungsmedizin e. V. (DGEM) an, und Priv.-Doz. Dr. med. Marc Martignoni ist ein auf die Verdauungsorgane

spezialisierter Chirurg am Münchner Klinikum rechts der Isar. Sie veranstalten in Kooperation mit meiner Kochschule Kurse für Patienten, die schwere Bauchoperationen hinter sich haben, und beantworten alle wichtigen Fragen zum Stoffwechsel.

Wir haben uns für Sie ein moderates, aber nachhaltiges Abnehmziel gesetzt: sechs Kilo in sechs Monaten. Die Schuhbeck-Diät sorgt für ein achtsames Umprogrammieren des Stoffwechsels und sichert auf diese Weise nachhaltigen Erfolg. Sie vermeiden dadurch den berüchtigten Jo-Jo-Effekt. Mithilfe der leckeren Rezepte werden Sie auch über die sechs Monate hinaus Ihr Gewicht halten können.

Sie werden erfahren, dass mehrgängige Menüs – richtig ausgewählt – weniger Kalorien haben als zum Beispiel eine Leberkässemmel. Sie werden lernen, wie Sie beim Kochen die vielen Fett- und Zuckerfallen vermeiden, die in Fertignahrungsmitteln stecken. Meine Rezepte beruhen auf frischen Rohstoffen von bester Qualität. Alle Speisen sind raffiniert (und gesund) gewürzt und einfach zu kochen. Um Ihnen die schonende Verarbeitung der Inhaltsstoffe zu erleichtern und auch beim Kochen noch mithilfe einiger Kunstgriffe Kalorien zu sparen, finden Sie in diesem Buch auch eine kleine Kochschule. Darin lernen Sie zum Beispiel, wie Sie mit wertvollen Ölen richtig umgehen.

Abnehmen ohne Verzicht – ich würde mich sehr freuen, wenn wir Sie von unserem Konzept der Energiequalität überzeugen können – viel Energie mit wenig Kalorien, beste Lebensmittel und leichte, leckere Rezepte, die viel Geschmack und Genuss bescheren.

Also ran an den Speck, pack mas!

Ihr
Alfons Schuhbeck

A. Schuhbeck

> GENUSSVOLL ABNEHMEN

Mein Weg zum Wohlfühlgewicht

Normalerweise machen Diäten keinen Spaß – und sie bringen meist nur kurzfristigen Erfolg. Anders die Schuhbeck-Diät: Hier können Sie schlemmen und dabei schlank werden. Basis ist das Konzept der »Energiequalität«, das ich zusammen mit Ernährungsexperten entwickelt habe. Was die Schuhbeck-Diät so einzigartig macht? Sie kennt keinen Verzicht, ist vielseitig, gesund und nachhaltig erfolgreich.

6 KILO IN 6 MONATEN

MEINE NACHHALTIGE ABNEHMFORMEL

Mein Weg zum Wohlfühlgewicht

> Zwischen dem **40. und 65. Lebensjahr** legt jeder Zweite hierzulande rund **20 Kilo** zu.

> **75 Prozent** der Frauen würden gerne mindestens **5 Kilo**, die meisten sogar **10 Kilo** und mehr abnehmen, weil sie sich »zu dick«, »zu schwer« und »unförmig« finden.

> **54 Prozent** sollten dies aus medizinischen Gründen auch tun – weil sie tatsächlich übergewichtig sind. **13 Prozent** leiden an starker Fettleibigkeit und sind damit sogar Risikopatienten.

> **70 bis 80 Prozent** aller Frauen und **20 Prozent** der Männer haben einen oder mehrere Diätversuche hinter sich.

> **45 Prozent** brechen ab, weil sie Diäten als »freudlose Plagerei« empfinden, und für **21 Prozent** sind Diätgerichte »zu kompliziert zu kochen«.

Das sind nüchterne Zahlen, die ein millionenfaches Drama beschreiben – den ewigen Kampf mit dem Gewicht. Fest steht: Zunehmen ist nicht schwer. Vielleicht können auch Sie ein Lied davon singen. Denn wenn wir jeden Tag nur 100 Kilokalorien zu viel essen, macht sich das übers Jahr schwer bemerkbar. Dann legen wir satte fünf Kilo Körpergewicht zu.

Abnehmen ist verdammt schwer. Um ein Kilo Gewicht zu verlieren, müssen wir 7000 Kilokalorien verbrennen. Das ist ziemlich viel. Denn unser täglicher Bedarf liegt bei etwa 2200 Kilokalorien (Frauen) bis 2500 Kilokalorien (Männer). Nur Schwerstarbeiter und Sportler brauchen deutlich mehr.

Jeder, der einmal eine Diät gemacht hat, wird bestätigen, wie schwer Abnehmen auf diese Art ist. Denn Diäten verbieten. Und sie schmecken nur selten. Eines kann ich Ihnen versprechen: Auf die Schuhbeck-Diät können Sie sich freuen. Denn sie macht satt, sie schmeckt großartig – sie tut einfach gut. Und vor allem: Sie macht auch wirklich schlank. Nicht über Nacht, aber nachhaltig.

Warum sind Diäten Unsinn?

Diäten sind verführerisch. Denn zunächst läuft alles wie gewünscht. Rasch geht das Gewicht runter. Doch was geht denn da verloren? Fett? Nein. Es ist vor allem Wasser, das in den Kohlenhydraten gebunden ist. Davon ist relativ viel im Körper gespeichert: In jedem Gramm der sogenannten Glykogenreserven (v. a. in der Leber und den Muskeln) werden ca. 2,7 Gramm Wasser gebunden. Wenn wir also eine Diät machen, werden erst mal die Depots geleert – und der Körper verliert jetzt vor allem Wasser. Dies macht in den ersten beiden Wochen einer strengen Diät über die Hälfte des Gewichtsverlusts aus.

Die Schuhbeck-Diät ist einzigartig. Weil sie vielseitig, gesund und nachhaltig erfolgreich ist. Und vor allem: weil sie eine leichte, moderne Küche bietet, große Geschmackserlebnisse – und Genuss.

Wie reagiert der Körper auf eine Diät?

So leicht lässt sich unser Organismus nämlich nicht überlisten. Der Körper reagiert noch genauso wie zu Urzeiten. Für unsere Vorfahren war die Nahrung knapp. Wer sich in Zeiten des guten Nahrungsangebots viel »anfuttern« konnte und in mageren Monaten seine Reserven nur sparsam verbrannte, hatte einen deutlichen Überlebensvorteil. Noch ist unser Körper darauf programmiert, alles zu tun wie ehedem: sich Fettpolster für schlechte Zeiten zu sichern.

Wenn wir also fasten oder eine strenge Diät machen, glaubt unser Organismus, dass Gefahr im Verzug ist, und schaltet automatisch auf Sparflamme. Durch selbst auferlegte Magerkost kommt ein verhängnisvoller Kreislauf in Gang, bei dem Leptin eine zentrale Rolle spielt. Dieses Hormon stimuliert normalerweise den Körper, abgelagertes Fett abzubauen. Die Magerkost verringert nun den Ausstoß von Leptin, dem Gehirn wird eine Hungersnot signalisiert. In der Folge wird der Grundumsatz gedrosselt – also der notwendige Energiebedarf, um den Stoffwechsel und alle Körperfunktionen aufrechtzuerhalten (z. B. Atmung, Verdauung und Herzschlag). Das signalisiert dem Körper, dass er Fett nicht abbauen, sondern speichern soll.

Wenn wir eine »klassische« Diät beenden, werden wir garantiert ein paar Kilo zulegen, weil unser Körper inzwischen gelernt hat, mit weniger Brennstoff auszukommen und die Nahrung besser zu verwerten. Dieser prinzipiell schlaue Körpertrick ist unter dem unschönen Namen Jo-Jo-Effekt berühmt-berüchtigt.

Was macht Diäten so fatal?

Wie gesagt: Der Anfangserfolg einer Diät ist nichts weiter als eine schöne Illusion. Außerdem kommt es zu beträchtlichen Nebenwirkungen. Denn mit den körpereigenen Flüssigkeiten gehen nämlich auch wertvolle Mineralstoffe verloren. Die unerwünschten Begleitsymptome sind oft: Müdigkeit, Nervosität und Kopfschmerzen.

Schnelle Diät > Die Risiken

Sogenannte Crash-Diäten versprechen eine schnelle Gewichtsreduktion in kürzester Zeit. Das sind verführerische Versprechen. Aber können die wirklich funktionieren? Nein. Weil schnelles Abnehmen gegen die menschliche Natur ist und weil Nebenwirkungen dann unvermeidlich sind.

Schlanksein ist zweifellos eine wichtige Basis für die Gesundheit, nicht aber schnelles Abnehmen. Wer sich zu viel abverlangt, geht mit einer Diät ein Gesundheitsrisiko ein. Die unvermeidlichen Nebenwirkungen einer (einseitigen) Diät: Gallensteine, Osteoporose und Hormonprobleme, manchmal auch Herzrhythmusstörungen. Besonders schädlich sind häufige Abspeckversuche.

Fatale Gewichtsschwankungen

Neue Studien weisen darauf hin, dass das Auf und Ab der Kilo nicht nur das Körpergewicht weiter steigen lässt. »Gewichtsschwankungen könnten schädlicher als stabiles Übergewicht sein, betrachtet man etwa das Risiko, einen Herzinfarkt zu erleiden«, warnt Hans-Georg Joost, wissenschaftlicher Direktor des Deutschen Instituts für Ernährungsforschung (DIfE). So hat der amerikanische Sportmediziner Steven Blair (Cooper Institute, Dallas) in einer Langzeitstudie nachgewiesen, dass sich das Risiko beleibter Männer, an einer Herzkrankheit zu sterben, verdoppelt, wenn ihr Gewicht mehrmals um über 5 Prozent schwankt. Diäten produzieren fast immer schlechte Laune. Warum? Weil wir dabei ja schließlich auf leckeres Essen verzichten müssen. Den ganzen Tag dreht sich alles darum, welche Lebensmittel wir wann essen dürfen und vor allem: wie viel davon. Das stresst uns und macht dünnhäutig und reizbar. Aber nicht nur unsere Psyche leidet unter dem Verzicht, auch unser Körper. Weil er während der Diätphase oftmals nicht alle Nährstoffe bekommt, die er braucht. Die Folgen sind unangenehm: Wir fühlen uns schlapp, müde, unausgeglichen, manchmal stellen sich Schwindelgefühle oder Kreislaufprobleme ein.
Schlimmer noch: Wenn nach Diäten die Pfunde immer wiederkehren, schlägt das auch aufs Gemüt. In einer aktuellen Harvard-Studie diagnostizierten Ärzte bei jungen Akademikerinnen, die öfter eine Diät ausprobierten, häufiger Depressionen, Alkohol- und Medikamentenmissbrauch.

Tatsächlich leben aktive Dicke gesünder und länger als schlanke Faule.

Fehlende Studien

Eigentlich müssten Diäten wegen ihrer möglichen Risiken wissenschaftlich überprüft werden – doch das sind die wenigsten. Gerade mal 4 Prozent entsprechen strengen wissenschaftlichen Kriterien (also eine ausreichend große Zahl von Probanden, eine hinreichend lange Beobachtungszeit, Vergleich mit Kontrollgruppen). Dies fand die amerikanische Internistin Dena M. Bravata (Stanford University) heraus, als sie 2600 Diätstudien auswertete.

In der Geschichte der Diäten hat sich immer wieder gezeigt, wie negativ sich einseitiger Verzicht auswirkt. In den 1960er-Jahren zum Beispiel forderte das US-Landwirtschaftsministerium (USDA) auf, tierische Fette durch pflanzliche zu ersetzen. Der Hintergrund dieser Empfehlung war folgender: Verzehrsstudien hatten gezeigt, dass Fleisch den Cholesterinspiegel anhob, während mehrfach ungesättigte Fettsäuren von Fisch und Gemüse ihn sinken ließen. Die staatliche Empfehlung hatte Erfolg: In den 70er- und 80er-Jahren halbierte sich in den USA infolgedessen die Rate der Herzkrankheiten.

Fett: Feind Nummer eins

Um noch besser zu greifen, wurden die Anti-Fett-Kampagnen mehr und mehr vereinfacht, bis schließlich als Botschaft nur noch blieb: »Fett ist schlecht.« Stimmt, Fett macht dick, denn es enthält viele Kalorien. Doch die Warnung traf nun auch die wertvollen pflanzlichen Öle, die viele wichtige Nährstoffe enthalten und die – natürlich in Maßen – notwendig sind, um die Gefäßwände elastisch zu halten. »Das Low-Fat-Mantra«, betont Walter C. Willett, prominenter Ernährungsexperte der Harvard Medical School, »hat die Fettsucht erst richtig angekurbelt, zu Krankheit und unnötigen Todesfällen geführt.«

Das Hohelied aufs Eiweiß

Unter anderem zeigten US-Verzehrstudien Anfang der 1990er-Jahre, dass zwar der Cholesterinspiegel insgesamt in der Bevölkerung gesunken war. Gleichzeitig hatte sich aber das Verhältnis des schädlichen Cholesterins (low density lipoprotein, LDL) und des gesunden Cholesterins (high density lipoprotein, HDL) zum Negativen verändert. Denn wer auf gesunde pflanzliche Fette (mit ein- oder mehrfach ungesättigten Fettsäuren) verzichtete, senkte damit den Anteil des »guten« Cholesterins, während der an »schlechtem« Cholesterin stieg. Gleichzeitig erhöhte der vermehrte Konsum von Kohlenhydraten den Anteil an sogenannten Triglyzeriden im Blut, welche das Risiko für Herzkrankheiten vergrößern.

Seit die Zahl der Diabetiker in den Industrienationen dramatisch steigt, sind fettarme Diäten auch von dieser Seite unter Beschuss geraten. Denn die Kohlenhydrate, vor allem aus Weißmehl und Zucker, schädigen langfristig die Bauchspeicheldrüse.

Rührei zum Frühstück, Steak zum Mittagessen, abends einen Krebs, Butter und Speck nach Belieben, aber Verzicht auf Kohlenhydrate, also auf Brot, Reis, Kartoffeln – mit seiner »Diätrevolution«, die konsequent auf Eiweiß setzt, wurde der amerikanische Kardiologe Robert C. Atkins vor 40 Jahren weltweit zum populären Protein-Pionier. Bis heute hält sich sein Eiweiß-Credo hartnäckig, auch wenn längst erwiesen ist, dass tierische Eiweißstoffe zum Beispiel das Risiko für Darm-, Brust- und Prostatakrebs erhöhen können, wenn sie im Übermaß verzehrt werden.

Fakten aus der Zwillingsforschung

Die Wirkungsweise seiner Diät erklärte Atkins damit, dass Fett und Proteine im Körper nicht so leicht verstoffwechselt werden wie Kohlenhydrate. Der zusätzliche Aufwand verbrauche also mehr Kalorien. Eine Studie von Joe Donnelly (Kansas University) zeigte, dass dies nicht stimmte: Der Abnehmexperte ließ ein Zwillingspaar zwei Wochen lang in einer Art Klimakammer unter Beobachtung Diät essen: den einen Zwilling eine klassische Low-Fat-Variante, den anderen nach der Atkins-Methode. Der Kalorienverbrauch war so gut wie gleich. Allerdings hat eine proteinreiche Diät den Vorteil, dass sie schneller satt macht – bereits bei einer geringeren Kalorienaufnahme.

Hungern macht wirklich keinen Spaß, es verdirbt die Laune. Zudem macht selbst auferlegte Askese »Verbotenes« nur reizvoller. Die Gedanken sind oftmals total aufs Essen fixiert – alles dreht sich um dieses elende Gebot des Verzichtens. Mit meiner Schuhbeck-Diät können Sie sich solche freudlosen Erfahrungen ersparen. Hier geht es nämlich nicht um möglichst schnelles Abnehmen, sondern um nachhaltigen Abnehmerfolg. Hier geht es nicht um Verzicht und Entsagen, sondern um Genuss, um neue Geschmackserlebnisse, um Freude am Essen, um Lebensfreude. Nur dies führt zum gewünschten Erfolg – davon bin ich überzeugt.

> Warum ist das Thema Abnehmen für mich so wichtig geworden?

Viele Jahre habe ich mich nicht wirklich um mein Gewicht gekümmert. Als Koch muss man ja zu jeder Tages- und Nachtzeit immer wieder probieren – da ist es schwer, feste Essenszeiten einzuhalten. Und natürlich kann ich auch keinen großen Bogen um gehaltvollere Lebensmittel machen.

Als ich 55 Jahre alt war, musste ich feststellen, dass ich auch ein paar Kilo zu viel hatte. So eine Leibesfülle beeinträchtigt natürlich die Beweglichkeit. Irgendwann habe ich mich einfach nicht mehr wohlgefühlt in meiner Haut. Es wurde also höchste Zeit, etwas für mich zu tun.

Um sein Wohlfühlgewicht zu erreichen, gibt es nur zwei Möglichkeiten. Entweder man nimmt weniger Kalorien zu sich oder man verbraucht einfach mehr Kalorien. Am besten ist es, beides zu tun.

Jeder weiß, wo die überflüssigen Pfunde herkommen. Nein, nicht das Essen an sich macht dick. In Maßen genossen macht kein Nahrungsmittel fett, weder Sahne noch Schokolade noch Saucen. Das Dilemma ist ganz einfach zu erklären: Wir nehmen zu, wenn wir mehr Kalorien aufnehmen, als wir verbrauchen.

Fest steht: Übergewicht überschattet das Lebensglück vieler Menschen. Typisch sind körperliche Beschwerden wie Erschöpfungszustände, Leistungsschwäche, Atemnot oder chronische Müdigkeit. Hinzu kommen oftmals psychische Beschwerden wie Konzentrationsschwäche, Lustlosigkeit, mangelndes Selbstbewusstsein oder depressive Verstimmungen.

Mein Erfolgsmotto ist ziemlich simpel: Für erfolgreiches Abnehmen gibt es nur zwei Möglichkeiten. Entweder man nimmt weniger Kalorien zu sich oder man verbraucht einfach mehr Kalorien. Am besten beides. Leider ist beides nicht ganz so einfach umzusetzen. Natürlich kann auch ich in meinen Restaurantbetrieben kaum mehr selbst am Herd stehen. Aber ich verwende viel Zeit darauf, die Qualität, die man zu Recht von mir erwartet, täglich zu überprüfen. Und ich entwickle ständig neue Rezepte, die auch verkostet werden wollen. So hat mich der Ehrgeiz gepackt, für meine Gäste raffinierte Kombinationen zu entwickeln, die Lust auf Essen machen, aber trotzdem besonders kalorienarm sind. Seither liefern Schuhbeck-Rezepte immer weniger Kalorien – ohne Verluste an Geschmack und Genuss. Meine Essphilosophie ist konsequent auf Gesundheit und Bekömmlichkeit ausgerichtet.

Deshalb habe ich auch angefangen, mich intensiv mit Gewürzen und ihrer Heilwirkung zu beschäftigen. Wie bestimmte Gewürze und Kräuter Leib und Seele gut-

Wie entsteht eigentlich Hunger?

Die Kalorien liefern also die notwendige Energie – mit unserem Hungergefühl haben sie aber sehr wenig zu tun. Das Hungergefühl nämlich wird vor allem von Signalen gesteuert, die dem Gehirn melden, ob der Magen gedehnt oder geschrumpft ist. Wir können diesen Mechanismus austricksen, zum Beispiel, indem wir viel trinken und den Magen so füllen. Das nimmt Hunger. Wir sind aber auch fähig, viel mehr zu essen, als wir benötigen – unter anderem, weil es rund 20 Minuten dauert, bis das Signal »satt« unser Hirn erreicht hat. Das ist auch der Grund, warum alle traditionellen Heilsysteme empfehlen, mit dem Essen aufzuhören, kurz bevor sich Sättigung einstellt.

Hunger ist ein komplexes Produkt aus verschiedensten chemischen Signalen, für die zum Beispiel auch die Psyche eine wichtige Rolle spielt. So geht es uns, wenn wir frustriert sind, häufig besser, wenn wir essen – wenn auch nur kurzfristig. Auch Stress hat großen Einfluss. Bei nervöser Anspannung werden Hormone in der Nebennierenrinde stimuliert, die aus unterschiedlichen Speichern Glukose und Fettsäuren verfügbar machen. Im Verlauf der Evolution war das sinnvoll, um für Flucht oder Kampf besondere Kräfte zu mobilisieren. Der Blutzucker steigt, und der Körper schüttet mehr Insulin aus.

tun, ist ja leider mehr und mehr in Vergessenheit geraten. Ich freue mich deshalb sehr, dass ich mit dem Bestseller »Meine Küche der Gewürze« so ein großes Interesse gefunden habe und neue Impulse für mehr Bewusstsein setzen konnte.

Dieses Wissen spielt auch in der Schuhbeck-Diät eine wichtige Rolle. Ganz gezielt setze ich Gewürze ein, die unserem Stoffwechsel Dampf machen und die Fettverbrennung unterstützen, zum Beispiel Chili, Ingwer, Kardamom oder Koriander.

In der Schuhbeck-Diät spielen Gewürze natürlich auch eine zentrale Rolle. Denn Chili, Ingwer, Kardamom oder Koriander sind wichtige Antreiber des Stoffwechsels, sie unterstützen die Fettverbrennung – und geben dem Essen eine pfiffige Note.

Woher bekommt der Körper die wertvollste Energie?

Ich beschäftige mich schon lange mit dem Zusammenhang von Ernährung und Gesundheit. Dabei begegnete mir auch das Prinzip der Energiedichte. Sie beschreibt den Energiegehalt eines Lebensmittels pro Gramm eines Lebensmittels. Die theoretischen Grundlagen dafür hat zu großen Teilen der Münchner Präventionsmediziner Volker Schusdziarra entwickelt, der am Klinikum rechts der Isar mit übergewichtigen und fettleibigen Patienten arbeitet. Bei der Auswertung von 2800 Ernährungsprotokollen fand er heraus, dass Menschen etwa die gleiche Menge Nudeln, Reis und Kartoffeln essen, bis sie sich satt fühlen. Allerdings: Die Nudelesser haben dann deutlich mehr Kalorien aufgenommen.

Wie viele Kalorien wir bis zur Sättigung aufgenommen haben, interessiert unseren Magen nicht. Und ob wir uns satt fühlen oder nicht, hängt vor allem davon ab, wie voll und ausgedehnt unser Magen ist. Immerhin 80 Prozent unserer Sättigung wird über die Dehnung der Magenwand reguliert. In dem Maße, wie sich der Magen füllt, dehnen sich seine Wände aus. Das stimuliert den Vagusnerv, der einen Reiz an das Gehirn sendet: Im Zwischenhirn werden dann Botenstoffe ausgeschüttet, die dem Körper signalisieren: Jetzt Nahrungsaufnahme stoppen! Ein vom Magen selbst produziertes Hormon (Ghrelin) wird während des Essens blockiert, doch nach etwa zwei Stunden beginnt sein Pegel wieder anzusteigen, und im Gehirn werden nun appetitanregende Botenstoffe produziert.

> Warum ist beim Abnehmen beste Qualität der Lebensmittel so wichtig?

Das Geheimnis ist Gemüse: Gemüse ist der Schlüssel zum Abnehmen.

Dieses Abnehmbuch bietet also mehr als die reine Reduktion von Kalorien. Es geht um Energiequalität – um Essen, das gut schmeckt und gesund ist und dabei auch noch schlank macht. Mein Konzept der Energiequalität bewertet ein Lebensmittel nicht nur nach seinem Kaloriengehalt. Ebenso wichtig sind sein Geschmack und seine Qualität: Beste Rohstoffe sind die Basis jedes guten Rezepts. Sie enthalten lebenswichtige Vitalstoffe, zum Beispiel mehrfach ungesättigte Omega-3-Fettsäuren oder auch die vielfältigen Pflanzeninhaltsstoffe, die Entzündungen im Körper entgegenwirken, vor Krebs schützen, entgiftend wirken oder auch das Immunsystem stärken. Dazu gehört auch, dass zahlreiche Vitamine und Mineralstoffe enthalten sind. Schließlich geht es auch darum, wohlschmeckende Rezepte aus Lebensmitteln zu kreieren, die möglichst viel Volumen bei geringer Kalorienzahl erreichen. Unser Beispiel mit der Leberkässemmel und dem Gemüse (siehe Bild unten) soll dieses Prinzip

Leberkässemmel
600 kcal
200 g

Gemüsekorb
600 kcal
3,5 kg

Energiequalität – was bedeutet das?

Wer abnehmen will, versucht meist, Kalorien zu sparen, indem er weniger isst. Untersuchungen zeigen, dass es sinnvoller ist, sich satt zu essen und dabei Kalorien zu sparen – mit Lebensmitteln, die viel Volumen, aber wenig Kalorien haben. Vor allem sind das Obst und Gemüse, sie füllen den Magen und sorgen für rasche Sättigung. Dahinter steckt das Prinzip der Energiedichte. Sie beschreibt den Energiegehalt eines Lebensmittels pro Gramm dieses Lebensmittels. Empfehlenswert sind Lebensmittel mit einer Energiedichte kleiner als 1,5. So haben 100 Gramm Mortadella (308 kcal) eine Energiedichte von 3,1 und sollten nicht so oft gegessen werden. Gut sind hingegen 100 Gramm gekochter Schinken (107 kcal) mit einer Energiedichte von 1,1.

»Energiedichte« – dieser Begriff hört sich, na ja, sehr wissenschaftlich an. Ich möchte dafür den positiven Begriff »Energiequalität« einführen. Weil es mir vor allem auch um wertvolle Nährstoffe geht, also um beste Qualität von Lebensmitteln, und weil beim »Energie tanken« auch der Faktor Genuss eine wichtige Rolle spielen soll.

der Energiequalität noch einmal verdeutlichen: Mit einer einzigen Zwischenmalzeit von einer Leberkässemmel, die 200 Gramm wiegt, nehme ich 600 Kilokalorien zu mir. Damit habe ich meinem Körper fast ein Drittel der Kalorienmenge zugeführt, die für die tägliche Zufuhr zumindest bei Frauen empfohlen wird. Wenn ich stattdessen einen Korb voll Gemüse wähle, könnte ich theoretisch 3,5 Kilo davon essen, bis ich 600 Kilokalorien Energie zu mir genommen habe. So viel auf einmal muss es natürlich nicht sein. Aber: Wir sollten mehr Gemüse essen. Gemüse ist ein Schlüssel zum Abnehmen. Nicht nur, weil Gemüse reichlich Ballaststoffe, wertvolle Vitamine, Mineralstoffe und sekundäre Pflanzenstoffe enthält. Gemüse lässt sich auch schmackhaft kombinieren, etwa mit Ei oder Hähnchen oder als Basis für lauwarme Salate. Sie werden sehen: Mit den Rezepten meiner Schuhbeck-Diät werde ich auch Menschen begeistern, die bislang Gemüse eher verschmäht haben.

Mein Konzept der Energiequalität bewertet ein Lebensmittel nicht nur nach seinem Kaloriengehalt. Ebenso wichtig sind Geschmack und natürlich beste Qualität von Lebensmitteln – sie sind die Basis für jedes gute Rezept und schließlich auch für den Erfolg beim Abnehmen.

Wie kann ich mein Sättigungsgefühl schulen?

Satt sein heißt nicht voll sein. Viele übergewichtige Menschen haben keine richtige Wahrnehmung von Hunger und Sättigungsgefühl. Und damit haben sie auch keine natürliche Kontrolle ihres Essverhaltens mehr.

Wir sollten darauf achten, langsamer zu essen. Wie gesagt, das Sättigungsgefühl tritt nach etwa 20 Minuten ein. Es lässt sich viel bewusster wahrnehmen, wenn wir uns zum Essen hinsetzen, uns Zeit nehmen und bewusst genießen. In dieser Hinsicht können wir von schlanken Menschen lernen. Sie essen, wenn sie hungrig sind. Sie achten darauf, gerade so viel zu essen, bis sie merken, dass sie satt sind.

> Wie kann ich wirklich nachhaltig abnehmen, ohne dabei zu hungern?

Ihr Diätplan

Wenn Sie den Rezepten meiner Diät folgen, nehmen Sie täglich insgesamt nur 1500 bis 1800 Kilokalorien auf – mit Frühstück, kleinen Gerichten, Suppen, Hauptspeisen, Salat und Dessert. So werden Sie in sechs Monaten genussvoll sechs Kilo abnehmen. Für Ihr zweites Ziel – Gewicht halten – gibt es von jedem Rezept auch eine Variante mit etwa 2000 bis 2200 Kilokalorien täglich.

Seit einigen Jahren arbeite ich mit den Ernährungsexperten Dr. med. Michael Adolph und Dr. med. Marc Martignoni, die auch dieses Buch wissenschaftlich begleiten, erfolgreich zusammen. Wir haben Kurse für Menschen entwickelt, die schwere Operationen am Magen oder an der Bauchspeicheldrüse vornehmen lassen mussten und die deshalb in ihrer Verdauung eingeschränkt sind. Diese Patienten müssen mehrmals pro Tag kleine Portionen zu sich nehmen, die möglichst viel Energie liefern, damit sie nicht an Gewicht verlieren.

Das Prinzip funktioniert natürlich auch anders herum: Mahlzeiten, die viel Volumen, aber wenig Kalorien liefern, die satt machen, aber nicht dick. Und natürlich soll es auch richtig lecker schmecken.

Ich bin überzeugt: Durch cleveres Kombinieren von Lebensmitteln kann jeder abnehmen, ohne dabei zu hungern. Mit meinem Expertenteam habe ich genau überlegt, was beim Abnehmen seriös und realistisch ist. Unsere Zielvorstellung deckt sich mit vielen Studien: ein Kilo pro Monat – und dies kontinuierlich über einen Zeitraum von einem halben Jahr. Wir halten nichts von kurzfristigen Zielen, denn »schnelle Erfolge« sind gegen die Natur – das ist wissenschaftlich erwiesen (siehe Seite 12).

Ein Kilo pro Monat abzunehmen – das sind gerade mal 30 Gramm pro Tag. Dieses Ziel kann sich jeder zutrauen, der wirklich schlanker werden will. Ich kann Ihnen versprechen: Die Schuhbeck-Diät macht es Ihnen leicht. Sie können täglich zwischen 1500 und 1800 Kilokalorien aufnehmen – und sich dabei satt essen. Sie werden sehen: Der Abnehmerfolg wird sich langsam, aber sicher einstellen. Leider geht Abnehmen nicht so einfach, wie es Zeitschriften zuweilen suggerieren (z. B. »Schlank in 48 Stunden«). Überflüssige Pfunde haben sich meist über Jahre hinweg angesammelt. Die werden wir nicht wieder in ein paar Wochen los. Genauso wenig wie ein Arzt die Folgen von jahrelangem Raubbau am Körper und Stress mit einer einzigen Kur kompensieren kann.

> Warum lohnt es sich, dass ich prinzipiell mein Essverhalten überprüfe?

Wer sein Wohlfühlgewicht erreichen will, kommt nicht darum herum, sich von ein paar bequemen Gewohnheiten zu trennen. Ein etwas anderes Essverhalten, mehr Bewegung im Alltag – daran führt leider kein Weg vorbei.

Ich möchte es Ihnen aber so leicht wie möglich machen. Ich möchte Ihnen Lust aufs Essen machen. Ich will, dass Sie sich wohlfühlen. Schlechtes Gewissen – das können Sie vergessen. Folgen Sie also einfach meinen Ernährungsvorschlägen. Die Schuhbeck-Diät ist alltagstauglich, leicht umsetzbar und ermöglicht einen neuen Weg zum Erfolg: Abnehmen mit Genuss und ohne Verzicht. Sie sollen und können sich immer auf den nächsten Gang freuen.

Wie viele Kilokalorien (ver)brauche ich?

Unser Körper ist ein Wunderwerk. Daran muss ich oft mit Demut denken. Erstaunlich, was unser Körper leistet, wie ein raffinierter Betriebsplan komplizierteste Abläufe steuert. Das gilt auch beim Thema Abnehmen. Je mehr wir darüber wissen, umso besser. Wir sind es unserem Körper schuldig, mit ihm respektvoll umzugehen.

Unser Körper braucht rund um die Uhr Energie, selbst in völliger Ruhe, etwa wenn wir liegen: für Atmung und Verdauung, um Blutfluss und Nervensystem zu steuern, um die Muskulatur zu koordinieren, um die Betriebstemperatur (Körperwärme) zu regulieren, um die Arbeit von Magen und Darm zu unterstützen, um die Zellen zu erneuern und die Organe zu reinigen, das Immunsystem aktiv zu halten, und vor allem auch, um das Herz, den Motor unseres Lebens, zu betreiben. Wir brauchen ständig Energie, um den komplizierten Kreislauf und alle wichtigen Lebensvorgänge in Gang zu halten.

Für die Erhaltung dieser wichtigen Vitalvorgänge benötigt der Körper rund 50 bis 70 Prozent der Energie. Diesen Energiebedarf nennt man »Grundumsatz«. Er ist auch abhängig vom Gewicht eines Menschen, seinem Geschlecht und Alter sowie von der Umgebungstemperatur. Eine 35-jährige Frau (170 cm groß und ca. 60 kg schwer) hat zum Beispiel einen Grundumsatz von etwa 1400 Kilokalorien. Bei Männern ist der Grundumsatz rund 10 Prozent höher, weil Männer mehr Muskelmasse haben und Muskeln die meiste Energie verbrauchen. Allerdings sinkt im Laufe der Jahre dieser Grundumsatz. Warum? Ganz einfach, weil mit den Lebensjahren auch unsere Muskelmasse weniger wird.

Die Schuhbeck-Diät eröffnet neue Wege zum Erfolg. Wir möchten Ihnen Lust aufs Essen machen. Sie sollen sich beim Abnehmen wohlfühlen und genießen – und nicht verzichten müssen.

Was bedeutet »Leistungsumsatz«?

Wie bei jeder Maschine gilt: Je mehr sie arbeitet, desto mehr Energie benötigt und verbraucht sie. Das ist bei uns Menschen nicht anders. Diesen von der Tätigkeit abhängigen Energieverbrauch nennt man »Leistungsumsatz«.

Schwerstarbeiter, zum Beispiel Bergbauern oder Radrennfahrer, verbrauchen für ihr anstrengendes Tagwerk zusätzlich 3000 bis 5000 Kilokalorien; ein Sitzriese auf seinem Bürostuhl allenfalls 600 Kilokalorien.

Auch hier ist die Rechnung einfach: Wer seinem Körper wenig Bewegung oder Arbeit zumutet, braucht auch wenig Energie und verbrennt weniger Kalorien.

Der Energieverbrauch des Körpers wird gerne überschätzt. Das ist enttäuschend für alle, die vielleicht mal am Wochenende ein bisschen Training einplanen, in der Hoffnung, damit abzunehmen. Ihre schlechten Ernährungsgewohnheiten pflegen sie weiter. Leider ist nachhaltiges Abnehmen nicht ganz so einfach.

Es gibt eine ganz einfache Regel, wenn wir nicht dick werden wollen: Wir müssen das, was wir zu uns nehmen, auch wieder verbrauchen. Um Gewicht zu verlieren, müssen wir dem Organismus also entweder weniger Kalorien zuführen, als er benötigt. Oder wir verbrauchen mehr Energie, als die Mahlzeiten geliefert haben: durch Bewegung und andere körperliche Aktivität. An diesem Prinzip kommen wir auch mit meiner Diät nicht vorbei.

Stoffwechsel > Wie Energie entsteh

Zunächst ein paar erstaunliche Fakten zum menschlichen Körper:

- Der menschliche Körper besteht aus etwa 60 Billionen Körperzellen.
- In unserem Körper gibt es etwa 100 Milliarden Nervenzellen (Neuronen). Davon befinden sich etwa 14 Milliarden im Gehirn und davon wieder 9 bis 10 Milliarden in der Großhirnrinde.
- Unser Herz schlägt etwa 70-mal pro Minute, etwa 4200-mal pro Stunde, etwa 100.000-mal pro Tag, etwa 37 Millionen Mal pro Jahr und etwa 2,6 Milliarden Mal in einem 70-jährigen Leben.
- Unser Magen kann bis zu 3 Liter fassen. Die Speisen werden unterschiedlich lang verdaut. Beispiele: Flüssigkeiten meist nur einige Minuten; Reis: 1,5 Stunden, Gemüse, Brot, weiche Eier: etwa 3 Stunden; gebratenes Fleisch: 4 bis 6 Stunden; sehr fettes Fleisch und Ölsardinen: 8 Stunden und noch mehr.
- Etwa 35 Millionen Drüsen der Magenschleimhaut sondern täglich 1 bis 2 Liter Magensaft ab.
- Der Dünndarm misst etwa 5 Meter Länge.
- Seine vielen Millionen Drüsen sondern pro Tag etwa 3 Liter Verdauungssaft ab.
- Wir verzehren in 70 Jahren folgende Mengen an Nahrungsmitteln: 30 Tonnen Kartoffeln, 25 Tonnen Brot, 18 Tonnen Fleischwaren, 15 Tonnen Gemüse, 10 Tonnen Früchte, 5 Tonnen Fisch, 25.000 Liter Getränke (z. B. Milch, Bier oder Wasser), 160 Kilo Schokolade, 7300 Eier, 84 Kilo Salz.
- Ohne zu essen kann der Mensch bis zu 40 Tage leben, ohne zu trinken nur 3 bis 6 Tage.

Das Wunder unseres Körpers

Die 60 Billionen Körperzellen und rund 100 Milliarden Gehirnzellen – das sind 60.100 Milliarden winziger Kraftwerke, die uns durch ein hochkompliziertes Zusammenspiel am Leben erhalten. Für Wachstum, Teilung, Reparatur oder Beweglichkeit und Erregbarkeit braucht jede Zelle Sauerstoff und Nährstoffe. Das gilt auch für die wichtigste Funktion der Zellen: die Produktion und den Umbau von Proteinen als zentrale Steuerungsmoleküle des Organismus.

Eine besondere Rolle spielt die Zellmembran. Die besteht aus Fetten und Proteinen und ist nur ein Hundertstel Millimeter dick. Diese zarte Haut hat Rezeptoren, spezielle Moleküle, die unterschiedliche Substanzen erkennen und ins Innere der Zelle passieren lassen. Wasser, Sauerstoff oder auch fettlösliche Substanzen wie Hormone wandern durch die Zellmembran, größere Moleküle benötigen Lotsenmoleküle und größere Öffnungen.

Solche Transportvorgänge verbrauchen Energie: Um die notwendigen Bindungen zwischen den Molekülen herzustellen, wird Adenosintriphosphat (ATP) benötigt, ein chemischer Energieträger. ATP entsteht zum Beispiel bei der Verdauung im Darm, wenn die komplexen Kohlenhydrate in ihre Grundbausteine (z. B. Glukose) zerlegt werden: Über Dünndarm und Leber gelangt die Glukose schließlich in die Blutbahn, wo der Botenstoff Insulin ihn zu den einzelnen Zellen schleust. Dort entsteht dann bei der Verbrennung der Glukose ATP.

Besonders wichtig ist Glukose für das Gehirn: Die Nervenzellen beziehen ihre Energie allein aus diesem Zucker. Deshalb kann eine Unterzuckerung die Konzentration beeinträchtigen oder bei einem Diabetes sogar zum Koma führen.

Ist der Energiebedarf des Organismus gerade gering, wird die Glukose vorübergehend in der Leber oder in der Skelettmuskulatur gespeichert. Die Speicherkapazität ist allerdings nicht groß. Überschüssige Glukose wird in Fett umgewandelt. Die unvermeidliche Folge: Wir nehmen zu.

Die Energielieferanten

Fett ist aber nicht nur Energiespeicher, sondern auch ein wichtiger Bestandteil von Gefäßwänden und Zellmembranen. Bestimmte Zellen (z. B. Herzmuskel und Nierenrinde) greifen direkt auf Fett als Energiequelle zurück – genauer gesagt auf eines seiner Abbauprodukte, die Ketonkörper.

In seltenen Fällen können auch Eiweißstoffe (Proteine) Energie für den Stoffwechsel liefern, nach längerer Hungerzeit oder bei besonderen Ausdauerleistungen, zum Beispiel einem Marathonlauf. Dann werden ihre Bausteine, die Aminosäuren, aus den Muskeln des Körpers freigesetzt und in der Leber mithilfe von Enzymen umgebaut zu Glukose oder Fett. Sie können jedoch nur zu maximal 10 Prozent zur Energiebilanz des Körpers beitragen.

All diese Prozesse benötigen Sauerstoff, wobei die innere Atmung der Zelle an die äußere Atmung der Lunge gekoppelt ist. Deshalb müssen wir schneller atmen, wenn wir Energie verbrauchen, zum Beispiel beim Treppensteigen. Und deshalb verbrauchen wir auch mehr Energie und nehmen ab, wenn wir uns viel bewegen.

Die Verdauungsorgane

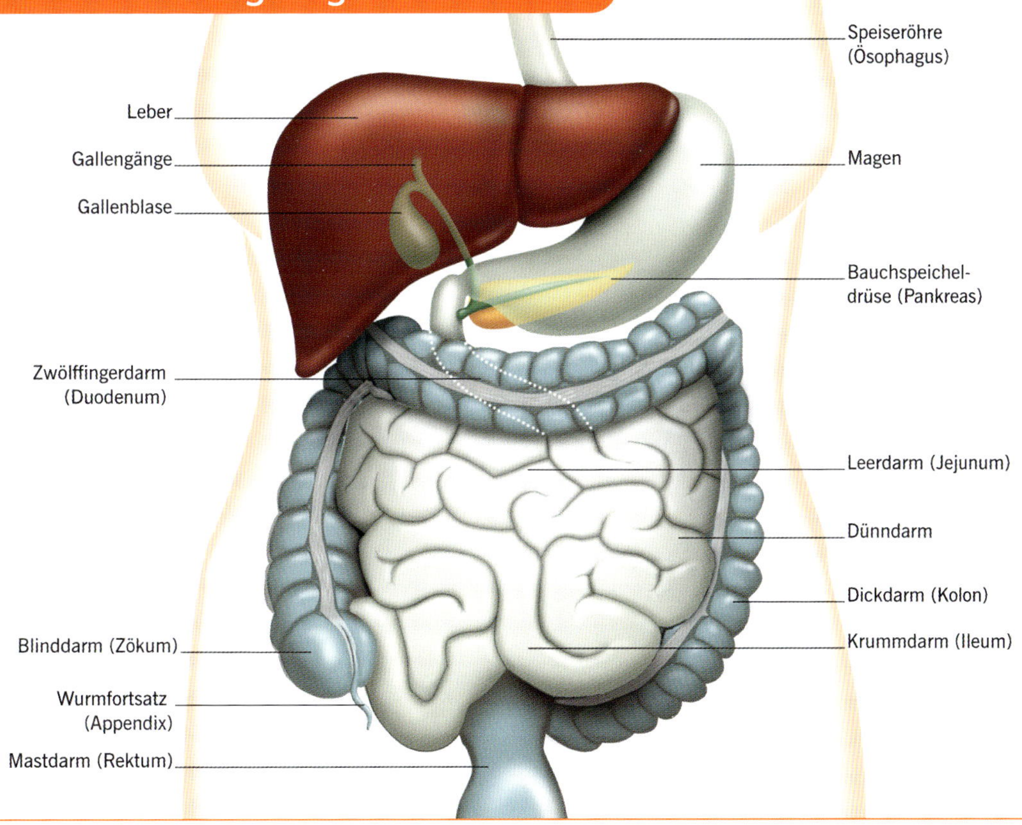

> Warum ist regelmäßige Bewegung fundamental nötig, wenn ich abnehmen will?

Eine Kalorie (calor = lat. für Wärme) ist eine Einheit für Energie und Arbeit. Physikalisch gesehen gibt sie das Maß an, das notwendig ist, um ein Gramm Wasser um ein Grad Celsius zu erwärmen.

Mensch beweg dich! Der Mensch ist ein Bewegungstier. Hunderttausende von Jahren war er Sammler und Jäger und musste, um seine Existenz zu sichern, täglich 20 bis 30 Kilometer zurücklegen. Der Körper hat sich an eine hohe Beanspruchung angepasst. Evolutionsbiologisch gesehen sind Menschen und Säugetiere nicht für den Überfluss konstruiert, sondern für die Not. In der langen Geschichte der Menschheit hatten nicht die Ranken und Schlanken die besten Überlebenschancen, sondern jene, die die meisten Fettreserven anlegen konnten – wenn es mal Nahrung gab. Sie überlebten Hungersnöte.

Erst vor 15.000 Jahren wurde der Mensch sesshaft. In diesem relativ kurzen Zeitraum konnte sich die menschliche Konstitution an die neuen Gegebenheiten (Nahrungsüberangebot, wenig Bewegung) noch nicht wirklich anpassen.

Die meisten von uns bewegen sich viel zu wenig. Das ist so, leider. Man hat statistisch erfasst, wie viele Schritte täglich zum Beispiel ein normaler Büroangestellter so macht. Erschütterndes Ergebnis: Es waren nicht mal tausend. Eine Rezeptionistin kommt auf 1200 Schritte, eine Verkäuferin auf etwa 5000 – die allermeisten Menschen aber gehen viel zu wenig. Rund 10.000 Schritte täglich wären ideal, so die übereinstimmende Empfehlung fast aller Wissenschaftler. Gehen Sie also im Alltag möglichst viel zu Fuß, zur Arbeit, zum Einkaufen und machen Sie Spaziergänge.

Nicht einmal ein Drittel der Erwachsenen treibt mindestens einmal pro Woche Sport. Von den über 50-Jährigen ist derzeit nicht einmal jeder Fünfte aktiv. Nur rund 10 Prozent der Berufstätigen werden noch körperlich gefordert.

Fest steht: Regelmäßige Bewegung ist ein wichtiger Faktor, um das Wunschgewicht zu erreichen und zu halten, aber auch, um das Wohlbefinden zu verbessern. Hinzu kommt ein weiterer wichtiger Faktor: Bewegung und optimale Nährstoffe sorgen dafür, dass unsere Endothelzellen (also die innerste Wandschicht von Lymph- und Blutgefäßen) besser regenerieren und elastischer werden.

Als ich begann, Gewicht abzubauen, hatte ich das zu einem großen Teil meinem konsequenten Training zu verdanken. Oh ja, dazu ist auch eine Portion Disziplin nötig. Ich gehe nach der Arbeit noch an meine Fitnessgeräte und trainiere mit meinem persönlichen Fitnessfreund Paul – fast immer nach Mitternacht, nach einem sehr langen Arbeitstag. Die Motivation ist gar nicht so schwer aufzubauen, wenn man weiß, wofür die Mühen gut sind. Ich fühle mich dann einfach besser.

Welche Rolle spielen Insulin und Blutzucker?

Einer der Regelmechanismen des Energiestoffwechsels ist die Steuerung des Blutzuckers. Dabei spielt Insulin als Schlüsselhormon eine zentrale Rolle. Insulin wird in der Bauchspeicheldrüse (Pankreas) gebildet. Mithilfe von Insulin wird die Glukose aus dem Blut in die Zellen transportiert. Es steuert den Blutzuckerspiegel und regelt die Aufnahme von Kohlenhydraten, Eiweißstoffen und Fetten in die Zellen: Besonders dramatisch steigt der Blutzucker an, wenn wir stark gezuckerte Lebensmittel, Softdrinks, Säfte oder alkoholische Getränke konsumieren. Sie enthalten einfache Zucker, die besonders rasch ins Blut übergehen. Als Reaktion schüttet der Körper jedes Mal Insulin aus. Überschüssige Energie aus Glukose wird für eine spätere Verwendung als Glykogen (Muskel- oder Leberglykogen) oder Fett gespeichert.

Japanische Wissenschaftler haben bei Versuchen mit kultivierten Fettzellen festgestellt, dass Insulin die Fetteinlagerung unterstützt. Insulin blockiert die Aktivität des Hormons Adrenalin und des hormonempfindlichen Enzyms Lipase, das die Fettverdauung bewerkstelligt und die im Körper gespeicherten Fettreserven verfügbar macht. Man kann Insulin durchaus als Dickmacher-Hormon sehen.

Eine Diät ist nur erfolgreich, wenn wir auf nichts verzichten müssen. Wenn uns einzelne Nährstoffe oder Lebensmittel verboten werden, wird eine Diät nicht nachhaltig funktionieren.

Was macht Insulin zum Dickmacher-Hormon?

Wenn schnelle Energie (Glukose) zu den Zellen transportiert wird, sinkt der Blutzuckerspiegel abrupt wieder ab und führt zu einem Gefühl der Unterzuckerung. Dies äußert sich gerne als Verlangen nach Essen. Fällt der Blutzucker deutlich ab, schüttet die Bauchspeicheldrüse das Hormon Glukagon in die Blutbahn aus. Dieses ist ein Gegenspieler des Insulins: Es sorgt dafür, dass Glykogenvorräte aus der Leber abgebaut werden und der Blutzuckerspiegel wieder ansteigt.

Wenn so viel Zucker im Blut kursiert, dass die Zellen ihn so rasch gar nicht verarbeiten können, produziert die Bauchspeicheldrüse immer mehr Insulin, um den Pegel zu senken. Das kann sie langfristig erschöpfen und zu Diabetes Typ II führen.

Vollkornprodukte sind vor allem auch deswegen so viel gesünder, weil ihre komplexen Zucker-Moleküle (Kohlenhydrate) sehr viel langsamer verstoffwechselt, also Stück für Stück erst »aufgeschlossen« werden müssen. So verändert sich der Blutzuckerspiegel nicht schlagartig, sondern bleibt relativ konstant.

Warum wird der glykämische Index überschätzt?

Energie ist also nicht gleich Energie: Zwei kohlenhydratreiche Lebensmittel, etwa 50 Gramm Kartoffeln oder 50 Gramm Weißbrot, befriedigen den Hunger unterschiedlich, weil sie anders auf den Blutzuckerspiegel wirken. Seit 1973 wird dieser unterschiedliche Anstieg durch Lebensmittel als »glykämischer Index« gemessen. Er soll zum Beispiel Diabetikern helfen, den Blutzuckerspiegel leichter zu kontrollieren. Die blutzuckersteigernde Wirkung von Traubenzucker dient als Referenzwert (100).

Der Wert kann allerdings in die Irre führen, denn beim glykämischen Index werden nicht jeweils 50 Gramm eines Nahrungsmittels miteinander verglichen, sondern 50 Gramm der enthaltenen Kohlenhydrate. Die Mengen, die dafür verzehrt werden müssen, können jedoch ganz unterschiedlich sein.

Deswegen wurde der Begriff «glykämische Last« (GL) eingeführt. Er berücksichtigt die Menge der Kohlenhydrate in einem Lebensmittel. Seine Formel gibt den unmittelbaren Blutzuckeranstieg an. Nach dieser speziellen Formel haben Karotten einen GL-Wert von 5,3, ein Baguette von 33,6. Der Blutzuckerspiegel steigt also trotz desselben glykämischen Index bei einem Baguette um das Sechsfache an.

> Was macht die Schuhbeck-Diät so einzigartig?

- ✔ Sie berücksichtigt, dass es nicht plötzlich zu einem hohen und dann zu einem niedrigen Blutzuckerspiegel (Blutzuckerschaukel) kommt.
- ✔ Sie vermeidet, dass Sie sich beim Abnehmen unnötig müde fühlen.
- ✔ Sie bietet jeweils eine zusätzliche Rezeptvariante mit niedriger, aber nicht so deutlicher Kalorieneinschränkung.
- ✔ Sie hat mit klassischer Gesundheitskost wenig zu tun – sie ist farbig statt blass.
- ✔ Sie ist gut gewürzt und sie verwendet wertvolle Öle.
- ✔ Sie erlaubt Fleisch und setzt auf viel Gemüse.

> Auf einen Blick: Welche Vorteile hat das Konzept der Energiequalität?

- ✔ Es enthält keine Verbote.
- ✔ Es macht satt.
- ✔ Es ist vielseitig und ausgewogen.
- ✔ Es lässt sich frei kombinieren.
- ✔ Es ist leicht zuzubereiten.
- ✔ Es ist wissenschaftlich fundiert.
- ✔ Es hat Gourmetqualität.
- ✔ Es ist gesund und nachhaltig erfolgreich.
- ✔ Es erhöht die Lebensqualität.

Wenn Sie also nach einem halben Jahr tatsächlich sechs Kilo abgenommen haben – was für ein Erfolg! Sie werden sich großartig fühlen. Sie werden eine wunderbare Leichtigkeit spüren. Sicher wollen Sie jetzt Ihr Gewicht stabilisieren. Nehmen Sie sich Zeit, Ihren Stoffwechsel zu normalisieren, mit etwa 2000 Kilokalorien täglich. Vielleicht haben Sie inzwischen Gefallen an meinen Rezepten gefunden und steigen komplett auf diese leichte Art des Essens ein.

Wenn Sie noch mehr Gewicht als die sechs Kilo verlieren wollen, empfehlen wir, erst nach einer drei- bis sechsmonatigen Zwischenphase (mit etwa 2000 Kilokalorien täglich) die zweite Etappe des Abnehmens zu beginnen und zur 1500-kcal-Diät zurückzukehren. So wird Ihr Stoffwechsel nicht überfordert und kann sich langsam umstellen. Diese Strategie sichert Ihnen langfristigen Erfolg – ganz ohne den Jo-Jo-Effekt.

Wie setze ich die Schuhbeck-Diät erfolgreich um?

Nein, Diäten machen keinen Spaß. Normalerweise. Sie verleiden uns die Lebensqualität. Normalerweise. Lebensqualität stellt sich nicht von einem Tag auf den anderen ein, sondern nur nachhaltig. Deswegen unterscheidet sich die Schuhbeck-Diät auch von anderen Diäten.

Ich bin überzeugt: Wenn Sie sich schon entschieden haben, abzunehmen, wenn Sie diszipliniert Ihr Wunschgewicht erreichen wollen, sollten Sie dabei auch Freude haben, Lebensfreude.

Wir bieten in diesem Buch auch einen Wegweiser durch den Einkaufs-Dschungel (siehe Seite 26 ff.). Fest steht: Hochwertige Lebensmittel sind nun mal eine wichtige Basis, um sein persönliches Wunschgewicht zu erreichen.

Das, was eine Diät anbietet, muss schmecken, es muss mich anmachen, es muss mich anlachen. Diesen Anspruch wollen wir mit der Schuhbeck-Diät natürlich erfüllen. Mit der Schuhbeck-Diät bieten wir eine moderne, mehr noch: eine sonnige Küche (ab Seite 54).

Ernährungstipps für jeden Tag

1. Vielseitig, aber nicht zu viel: Grundsätzlich ist kein Lebensmittel verboten. Es kommt nur auf die richtige Menge an. Gemüse und Obst sollten täglich reichlich auf dem Speisezettel stehen.

2. Trinken Sie viel ungesüßte Flüssigkeit, am besten Tee oder Wasser mit einem Schuss Ingwer. Ein Liter Wasser verbraucht 100 Kilokalorien bei seiner Verarbeitung im Körper, das entspricht der Energie eines Schokoladenriegels – Sie werden also schlanker durch Trinken.

3. Verzichten Sie auf Lightprodukte, die sind in der Regel industriell stark verarbeitet und mit Geschmacksverstärkern versetzt. Zudem verführen Lightprodukte dazu, einfach zu viel davon zu essen.

4. Süßes in Maßen: Süßigkeiten sollten Genussmittel sein – und nicht als regelmäßige Nahrungsmittel verzehrt werden.

5. Würzen Sie kreativ mit Kräutern und Gewürzen, den Aromen für Leib und Seele. Vorsicht nur bei Salz, das Bluthochdruck fördern kann. Bevorzugen Sie jodiertes Speisesalz.

6. Schmackhaft und schonend zubereiten. Garen Sie Gerichte bei möglichst niedrigen Temperaturen und möglichst kurz. Verwenden Sie nach Möglichkeit wenig Wasser und wenig Fett.

7. Verwenden Sie pflanzliche Fette. Minimieren Sie tierische Fette aus Wurst, Sahne, Käse, Eigelb, rotem Fleisch. Steigen Sie besser um auf magere Alternativen, gesunde pflanzliche Fette und Fisch.

8. Nehmen Sie sich Zeit fürs Essen. Wer sein Wohlfühlgewicht erreichen und erfolgreich abnehmen will, sollte nicht nur darauf achten, was er isst, sondern auch wie er isst.

9. Bleiben Sie in Bewegung. Ausgewogene Ernährung ist ein ganz wesentlicher Beitrag für Fitness und Gesundheit. Zu einem gesunden Lebensstil gehört auch regelmäßige Bewegung.

> POWER MIT WENIG KALORIEN

Energiequalität

Beim Abnehmen kommt es auch darauf an, dass man satt wird. Diese Sättigungssignale des Magens sollten wir keinesfalls ignorieren. Bei meinem Konzept der Energiequalität geht es aber um viel mehr als darum, sich satt zu essen. Die Schuhbeck-Diät setzt vor allem auch auf frisch zubereitete Lebensmittel, die viel Volumen, beste Nährstoffe und höchsten Geschmack haben – aber wenig Kalorien.

Mein Konzept der **Energiequalität:**

Was unserem Körper Energie liefert, kann sehr unterschiedlich sein und doch denselben Brennwert haben: Wenn ich 10 Gramm Butter esse, sind das 100 Kilokalorien, wenn ich 100 Gramm körnigen Frischkäse zu mir nehme, sind das ebenfalls 100 Kilokalorien. Wohltuender Effekt: Mit den 100 Gramm Frischkäse im Magen wird Sättigung gemeldet. Aber das Prinzip der Energiequalität

Portionen je 100 kcal

Butter 10 g

10-fache Menge →

Frischkäse (körnig) 100 g

Salami 30 g

3,3-fache Menge →

Schinken (gekocht) 100 g

Orangenlimonade 250 ml

mehr als 1000-fache Menge →

Ingwertee (0 kcal) unendlich viel

kalorienarm und gesund

umfasst noch mehr: Es kommt auch auf hochwertige Nährstoffe und die Art der Zubereitung an. Zum Beispiel Kartoffeln: Aus dem Ofen liefern sie viele Vitamine und Mineralstoffe, in Form von Pommes frites büßen sie wertvolle Inhaltsstoffe ein. Außerdem kann man von den Ofenkartoffeln fast dreimal mehr essen bei demselben Brennwert – und bekommt mehr Energiequalität.

Portionen je 300 kcal

Pizzastück mit Salami

110 g

1,8-fache Menge

Penne Arrabbiata

200 g

Currywurst

60 g

3,3-fache Menge

Kalbsschnitzel mit Gemüsesalat

200 g

Pommes frites mit Mayonnaise

76 g

2,9-fache Menge

Ofenkartoffel mit Kräuterquark

225 g

Beilagen > Meine Besten

Es müssen nicht immer nur Nudeln sein: Als Beilage bieten sich viele Möglichkeiten an, die gesund sind, weil sie den Blutzuckerspiegel nicht so schnell in die Höhe treiben. Mit Couscous, Bulgur & Co. kommen auch Nahrungsmittel aus anderen Kulturen zu neuen Ehren in der Küche – und das zu Recht!

100 g nur: **62 kcal***

Rote Bohnen, auch Kidneybohnen genannt, lassen sich höchst vielfältig einsetzen – ob in Salaten, Suppen oder Eintöpfen. Sie sind ein Spitzenlieferant für Protein, sie können es im Gehalt fast mit Fleisch aufnehmen. Ein Viertel der Inhaltsstoffe entfällt auf Ballaststoffe. Die wohlschmeckenden Hülsenfrüchte enthalten auch viel Kalium, das unter anderem Nervenreize auf die Muskulatur überträgt und deshalb auch für die Regulierung des Blutdrucks wichtig ist, ebenso wie Folsäure und Magnesium.

100 g nur: **77 kcal**

Berglinsen sind besonders aromatisch und sie benötigen keine stundenlange Kochzeit. Ich serviere sie auch als eigenständige Beilage, als Suppe oder Salat. Die gesunden Hülsenfrüchte zählen zu den ältesten Ackerfrüchten der Welt. Sie sind eine wahre Schatzkammer für Kohlenhydrate, Eiweiß und Ballaststoffe. Sie enthalten Magnesium, Kalzium und Kalium sowie gesunde Saponine, die Krebs vorbeugen helfen. Linsen sind Medizin für den Körper.

100 g nur: **80 kcal**

Kartoffeln: Dick machen sie nur in Verbindung mit Fett, deshalb achte ich genau darauf, wie viel Öl oder Butter ich ihnen beifüge. Vor allem gekocht oder in Folie oder im Ofen gebacken sind sie eine wunderbare Beilage mit Stärke und Ballaststoffen, wertvollem Eiweiß, Vitamin C, B-Vitaminen, Kalzium und Magnesium, Eisen und Phosphor. Sie entgiften und entschlacken, entwässern und wirken sich positiv bei Gicht aus. In der Schale zubereitet (auch wenn Sie diese danach entfernen) behalten die Knollen mehr Nährstoffe.

100 g nur: **106 kcal**

Reis ist ein simples Wort für eine Vielfalt von Arten und Geschmacksrichtungen. Die wichtigsten Nährstoffe befinden sich in der Schale: Ballaststoffe und essenzielle Aminosäuren, Mineralstoffe und Eisen sowie B-Vitamine und Kalium. Ich gare ihn besonders gerne als Pilawreis, indem ich 50 Gramm mit etwa 100 Milliliter Geflügelbrühe aufkoche und zugedeckt bei milder Hitze 15 bis 20 Minuten ausquellen lasse. Wer Vollkornreis nicht mag, sollte Wildreis versuchen oder den piemontesischen schwarzen Reis mit seinem wundervollen Geschmack.

100 g nur: **109 kcal**

Vollkornnudeln helfen Pasta-Liebhabern, auch die härteste Diät zu überstehen: Weil sie fein gemahlen nicht nur den Kern, sondern auch die Schale des Korns enthalten, stecken sie nicht nur voller wertvoller Mineralstoffe und Vitamine, sondern besitzen auch Ballaststoffe. Sie werden langsamer verdaut und machen länger satt als herkömmliche Nudeln. Vollkornnudeln koche ich in kräftig gesalzenem Wasser sehr bissfest. Nach dem Abgießen lasse ich sie nur kurz abtropfen und wende sie dann in ein paar Löffeln Gewürzbrühe.

100 g nur: **113 kcal**

Bulgur wird klassisch aus Weizen hergestellt: Die Körner werden vorgekocht (parboiled), dann von ihrer Kleie befreit, getrocknet und in Teile zerschnitten. Bulgur ist ein Hauptnahrungsmittel in der Türkei und im Vorderen Orient, passt aber nicht nur zu exotischen Gerichten. Er kann als eigenständige Beilage oder zum Variieren von Salaten, Suppen und Gemüsezubereitungen einfach eingestreut werden. Er macht nachhaltig satt, da er sich im Körper nur langsam abbaut.

100 g nur: **115 kcal**

Couscous: Die Grießkügelchen aus Weizen (manchmal auch Hirse oder Gerste) sind eine traditionelle nordafrikanische Beilage, die sich inzwischen auch in Europa großer Beliebtheit erfreut. Als Instantprodukt lässt sich Couscous rasch herstellen und mit den verschiedensten Gerichten kombinieren. Besonders locker wird er, wenn Couscous mit heißer Brühe übergossen, zugedeckt ausgequollen und dann mit einer Gabel aufgelockert wird. Auch gesüßt schmeckt er gut. Er liefert Eiweiß, Eisen, Vitamin E und B-Vitamine.

* Alle Angaben beziehen sich auf gekochte Beilagen

Früchte > Meine Besten

Ob zum Frühstück, als Snack oder Nachtisch: Früchte liefern Vitamine und kostbare Pflanzeninhaltsstoffe. Da nicht alle immer regional erhältlich sind, können Tiefkühlfrüchte eine sehr gute Alternative sein. Aber natürlich liefert saisonal und frisch geerntetes Obst die beste Energiequalität.

100 g nur: **32 kcal**

Die **Papaya** ist ein Multitalent an gesunden Inhaltsstoffen und als exotische Frucht das ganze Jahr über erhältlich. Damit die Frucht optimal schmeckt, sollte sie wirklich reif sein. Sie besitzt viele Ballaststoffe, Vitamine, Kalium und Kalzium sowie Betacarotin und Lycopin, wie man an dem orangefarbenen Fruchtfleisch erkennt. Sie wirkt entwässernd, stärkt das Immunsystem, schützt vor Stress und Herzinfarkt und beugt Krebs vor.

100 g nur: **41 kcal**

Pfirsiche haben leider nur eine kurze Saison, sie sind jedoch sowohl für Süßspeisen als auch für herzhafte Beilagenkombinationen geeignet. Pfirsiche sind das Obst mit dem höchsten Eisenanteil. Sie liefern besonders viel Betacarotin, Kalium und B-Vitamine, entwässern, unterstützen die Blutbildung und stärken mit Zink und Vitamin C das Immunsystem. Bioflavone wirken als natürliche Radikalfänger.

100 g nur: **43 kcal**

Ein unglaublich intensives Aroma können reife **Aprikosen** entwickeln. Sie bereichern roh jeden Fruchtsalat, können aber auch gut erhitzt werden, beispielsweise für Aprikosenröster. Die Signalfarbe Orange verrät, dass die Früchte viel Betacarotin enthalten und damit gut für die Augen wie auch die Haut sind. Als Radikalfänger schützen sie vor Schadstoffen, entwässern und wirken antikanzerogen. Sie können mit reichlich Kalium und Eisen aufwarten.

100 g nur: **43 kcal**

Über die **Grapefruit** wissen nur wenige, dass vor allem die leicht bitter schmeckende weiße Haut dazwischen so gesund ist: Sie enthält das Naringin, das freie Radikale unschädlich macht, den Blutfettspiegel senkt und die Speicherung von Fett bremst. Etliche weitere Radikalfänger und viele Vitamine sind enthalten. Die rosa Grapefruit liefert zudem das herzschonende Lycopin. Ich verwende die Grapefruit besonders gerne für meinen Frühstücksquark.

100 g nur: **55 kcal**

Melone: Zuckermelonen liefern doppelt so viel Kalium und viermal mehr Vitamin C als die ihnen verwandte Wassermelone, die zu 93 Prozent wirklich nur aus Wasser besteht. Ihre orangenen Farbstoffe (Carotinoide) wirken zellschützend. Melonen entwässern durch ihr Kalium, wirken gegen Nierenleiden, Gicht und Bluthochdruck und können als antioxidative Radikalfänger Zellen schützen und Krebs vorbeugen. Lecker schmeckt auch gegrillte Wassermelone, erhitzen Sie sie aber nur ganz kurz, damit sie innen knackig bleibt.

100 g nur: 56 kcal

Frische **Ananas** liefert Bromelin, ein Enzym, das die Verdauung von Eiweiß anregt und auch Entzündungen entgegenwirken soll. Beim Konservieren wird dieses Enzym allerdings zerstört. Außerdem enthält die tropische Frucht viel Vitamin C und Zink für das Immunsystem, das nierenanregende Kalium sowie einen hohen Anteil an Ballaststoffen. Je reifer sie ist (Riechprobe), desto mehr Wirkstoffe stecken in ihr. Ananas ist mit allen anderen Früchten kombinierbar, sie schmeckt jedoch auch gedünstet oder gegrillt hervorragend.

Beeren

100 g nur: 32 kcal

Erdbeeren enthalten viel Wasser und kaum Zucker, daher machen sie nicht dick. Und sie sind besonders gesund: Sie besitzen mehr immunstärkendes Vitamin C als Orangen, Folsäure und Eisen für Blut und Nerven sowie Kalzium für die Knochen. Kalium und Magnesium schützen das Herz. Sekundäre Pflanzenstoffe schützen vor Krebs. Roh entfalten sie ihr Aroma optimal, servieren Sie sie möglichst bei Raumtemperatur.

100 g nur: 34 kcal

Heidelbeeren – auch als Blutbeeren bezeichnet – sind ein uraltes Heilmittel der Volksmedizin. Ihre tiefblaue Farbe stammt von Anthocyanen, die insbesondere die feinen Blutgefäße vor dem Angriff freier Radikale schützen und zusammen mit ihrem Betacarotin auch Eintrübungen der Augenlinse entgegenwirken. Ihr hoher Gerbstoffgehalt tötet Keime ab, Pektine schützen Magen und Darm. Sie werden von April bis Oktober geerntet.

100 g nur: 37 kcal

Himbeeren duften nicht nur wunderbar und harmonieren mit allen anderen Früchten. Sie sind auch eine kleine Apotheke: Betacarotin, Vitamin B und C helfen, das Immunsystem in Schuss zu halten. Der hohe Gehalt an Eisen unterstützt die Blutbildung. In Verbindung mit Joghurt werden die Früchte zur Kalziumbombe. Himbeeren wirken antibiotisch, appetitanregend, entwässernd und abführend. Als Radikalfänger beugen sie Krebs vor.

100 g nur: 61 kcal

»An apple a day keeps the doctor away« – ein **Apfel** kann, wie das Sprichwort sagt, dafür sorgen, dass der Arzt seltener gebraucht wird. Dafür sorgen Vitamin C und der immunstärkende Farbstoff Quercetin sowie viele Ballaststoffe. Es gibt Äpfel in vielen unterschiedlichen Geschmäckern und, weil sie weltweit angebaut werden, auch das ganze Jahr über. Man kann sie warm und kalt essen. Roh sind sie ideal für ein Müsli, einen Früchtejoghurt oder einen Obstsalat, aber auch für herzhafte Salate, etwa einen Bohnen-Apfel-Salat.

Gemüse & Salate > Meine Besten

Tomaten, Brokkoli & Co. – Gemüse und Salate aller Art sind die gesunde Basis für jeden Abnehmerfolg, weil Ballaststoffe und reichlich Wasser ein gutes Gefühl der Sättigung geben, ohne dabei viele Kalorien zu liefern. Weiteres Plus: Sie enthalten wertvolle Vitamine, Mineralstoffe und gesunde Pflanzenstoffe.

100 g nur: **12 kcal**

Die **Gurke** wirkt entwässernd, tut dem Darm gut und stärkt die Galle – ob als Salat oder als Gemüse, roh, geschmort oder gedünstet. Sie enthält viele B-Vitamine, Betacarotin, Vitamin C und K, viele Mineralstoffe und Tartronsäure. Die verhindert im Stoffwechsel, dass Kohlenhydrate aus Stärke zu Fett umgewandelt werden. Damit die Gurkenstücke schön knackig bleiben, verwende ich entweder eine Sorte mit wenig Kernen oder kratze die Kerne heraus.

100 g nur: **13 kcal**

Eigentlich ist der **Chinakohl** mehr mit den Rüben und dem Senf verwandt als mit der Kohlfamilie. Er ist auch leichter verdaulich, aber ähnlich gesund. Er liefert kaum Kalorien, dafür aber viel Folsäure und Vitamin C, Kalium, Kalzium, Magnesium, Eisen, Phosphor, Betacarotin und sekundäre Pflanzenfarbstoffe. Senföle stärken die Abwehrkraft. Brassinin wirkt antikanzerogen.

Blattsalate

100 g nur: **12 kcal**

Portulak (Sommerportulak) findet man leider nur selten auf Märkten. Wenn er erhältlich ist, greife ich zu und mische ihn gerne unter Blattsalate. Er enthält viel Vitamin C und Omega-3-Fettsäuren, Eisen, Kalzium und Magnesium sowie ätherische Öle, die sich positiv auf die Nieren auswirken. Nicht verwechseln mit dem Winterportulak (Postelein) – dieser enthält keine Omega-3-Fettsäuren.

100 g nur: **14 kcal**

Radicchio sieht einfach schön aus – so leuchtend lilarot. Das Zichoriengewächs bereichert jeden gemischten Blattsalat und harmoniert außerdem gut mit Orangen und Fenchel. Charakteristisch sind seine Bitterstoffe und andere Pflanzenschutzstoffe, die unter anderem die Gallentätigkeit anregen. Radicchio, der ursprünglich aus dem mediterranen Raum stammt, enthält aber auch Kalium und Kalzium.

100 g nur: **15 kcal**

Endivie macht nicht nur optisch viel her. Die gekräuselte Schöne enthält viele gesunde Wirkstoffe: Vitamine, Spurenelemente und Bitterstoffe sowie Carotin als Radikalfänger und Krebsprävention. Der Bitter- und Ballaststoff Inulin aus dem Milchsaft regt Gallenfluss und Fettverbrennung an. Soll er als eigenständiger Salat serviert werden, wird er am besten mit einer Frucht (z. B. einem Apfel) gemischt, die mit ihrer Süße das Bittere ausgleicht.

100 g nur: **17 kcal**

Seit über 4000 Jahren wird die **Aubergine** bereits geschätzt, aus Asien kam sie durch die Araber nach Europa. Das leuchtend lilafarbene Gemüse enthält Vitamin C, B6, Fol- und Pantothensäure, Niacin, Betacarotine, viel Kalium und anderes mehr. Es ist ein potenter Radikalfänger. Beim Braten nehmen Auberginen allerdings viel Öl auf. Mein Tipp: In einem Sandwichmaker lassen sie sich besonders fettarm grillen.

100 g nur: **17 kcal**

Chicorée wurde Mitte des 19. Jahrhunderts von einem Brüsseler Gärtner als Gemüse entdeckt. Heute weiß man, dass die kalorienarmen Blätter nicht nur viele Ballaststoffe enthalten, sondern auch jede Menge Mineralstoffe, Spurenelemente, Vitamine und Pflanzenschutzstoffe. Chicorée verbessert die Fettverdauung und senkt den Cholesterinspiegel. Er eignet sich gut für gemischte Salate und harmoniert außerdem mit Früchten wie Orange, Papaya, Mango und Apfel.

100 g nur: **17 kcal**

Tomaten sind ein Grund, warum die Mittelmeerkost gesund ist. Der US-Kardiologenverband empfiehlt ausdrücklich den Verzehr von Tomaten – gekocht, denn der Pflanzenfarbstoff Lycopin wird erst durch Hitze aufgeschlossen und für den Körper verfügbar. Tomatensaucen sind also nicht nur kalorienarm, sondern gesund. Wer Tomaten roh isst, profitiert vom Vitamin C – das meiste davon steckt übrigens in der Schale.

100 g nur: **18 kcal**

Spargel eignet sich hervorragend als kalorienarmes Diätgemüse. Satt macht er trotzdem, denn er verfügt über viele Ballaststoffe. Er enthält Kalium und Kalzium, viele Vitamine und nervenstärkende Mineralstoffe und wirkt entwässernd. Grüner Spargel ist besonders gesund. Wird der Spargel vor dem Garen zerkleinert, etwa für Salat, dünste ich ihn gerne. Den Dünstsud (aus Brühe) können Sie für Saucen oder Marinaden verwenden.

100 g nur: **19 kcal**

Dass **Spinat** besonders viel Eisen enthält, ist ein Mythos, aber das persisch-arabische Blattgemüse liefert besonders viele Mineralstoffe wie Kalium. Spinat unterstützt so den Elektrolythaushalt des Körpers. Die Vitamine C und Folsäure können nur voll ausgeschöpft werden, wenn der Spinat roh als Salat gegessen wird. Aber auch gedünstet machen Vitamin E und Betacarotin ihn zum potenten Radikalfänger. Babyspinat, also die jungen Blätter, ist nicht nur fein als Salat, sondern kurz gedünstet auch ideal für eine schnelle Beilage.

100 g nur: **19 kcal**

Ungewöhnlich hoch ist der Vitamin-C-Gehalt der **Paprika**, auch einige B-Vitamine, Betacarotin und Vitamin E findet man reichlich. Die Vitaminbombe enthält aber zudem noch den Scharfmacher Capsaicin, der in den Kernen und den weißen Trennwänden sitzt, außerdem immunstärkende und antikanzerogene Pflanzenfarbstoffe (Flavonoide). Besonders gerne verarbeite ich rote, gelbe und orange Sorten, diese sind besser verdaulich als grüne.

100 g nur: **22 kcal**

Stachlig und widerborstig ist die **Artischocke**. Aber wer sich bis zu ihrem Fruchtfleisch vorgekämpft hat, wird belohnt – mit wertvollen Vitaminen und Mineralstoffen, heilsamen Flavonen und Cynarin, einem Bitterstoff, der Leber und Galle guttut und die Blutfettwerte senkt. Das Inulin, ein komplexes Kohlenhydrat, ist für Diabetiker von Bedeutung. Wer die Artischocken in Brühe kocht, erhält eine geschmackvolle Trinkbrühe mit wertvollen Inhaltsstoffen.

100 g nur: **24 kcal**

Fenchel ist ein Gemüse-Superstar mit prägnantem Geschmack, der nicht jedem liegt. Wer jedoch Fenchel liebt und ihn auch noch roh als Salat isst, nimmt damit doppelt so viel Vitamin C auf wie mit Orangen. Das wegen seiner Heilkräfte geschätzte Gemüse hat einen Spitzen-Eisengehalt, wirkt blutbildend, beruhigt Magen und Darm und beugt Krebs vor. Noch ein Rekord: Eine Portion deckt mehr als die Hälfte des Tagesbedarfs an Betacarotin.

100 g nur: **25 kcal**

Nicht umsonst erfreut sich der **Kürbis** bei uns wachsender Beliebtheit – ob als Butternuss- oder Muskatkürbis in Gemüsebeilagen oder als Hokkaidokürbis in Saucen und Pürees. Das vielseitige Gemüse besteht aus Vitaminen, Kalium, Phosphor, Kalzium, Magnesium, Eisen, Zink, Bor und Selen. Es entwässert, wirkt als Radikalfänger gegen Zellschäden, beugt Prostatakrebs vor und stärkt das Immunsystem.

100 g nur: **25 kcal**

Lauch ist ähnlich heilsam wie die verwandte Zwiebel, aber milder im Geschmack. Dieses Gemüse passt als Beilage oder in Suppen und Eintöpfe. Besonders stechen bei den Inhaltsstoffen die Sulfide hervor, schwefelartige Verbindungen, welche die Verdauung anregen. Lauch entwässert, lindert Rheuma und Gicht und senkt den Blutzuckerspiegel. Damit er seine grüne Farbe behält, sollte er sofort serviert und nicht warm gehalten werden.

Kohlsorten

100 g nur:
25 kcal

Weißkohl wird seit Jahrtausenden als Allheilmittel eingesetzt, bei Darmleiden, Hautproblemen und für gesunde Abwehrkräfte. Wer 100 Gramm Weißkohl isst, nimmt so viel Vitamin C zu sich wie mit einem Glas Orangensaft. Neben den krebs- und entzündungshemmenden Glukosinolaten enthält Weißkohl das sogenannte Vitamin U, einen Eiweißbaustein, der vor Magen- und Darmgeschwüren schützen soll.

100 g nur:
27 kcal

Wirsing hat zarte, fein verästelte Blätter, die sich, hauchdünn geschnitten, als Rohkost oder Gemüse eignen oder auch als Ganzes füllen lassen. Wirsing lässt sich besonders gut mit Wurzelgemüse, Äpfel und Birnen kombinieren. Er liefert viele Vitamine und Mineralstoffe und wirkt als Radikalfänger. Seinen typischen Geschmack machen die Senfölglykoside aus, schwefel- und stickstoffhaltige Pflanzenstoffe. Sie wirken antibakteriell und krebshemmend.

100 g nur:
28 kcal

In den USA gehört **Brokkoli** zu den zehn wichtigsten Gemüsesorten, die als Schutznahrung gegen Krebs, aber auch als Vorbeugung gegen Arteriosklerose empfohlen werden. Neben den zahlreichen Vitaminen und Mineralstoffen werden die vielen Pflanzeninhaltsstoffe angeführt: Indole, Flavone und Glukosinolate. Brokkoli, der außerdem viel Kalzium enthält, ist besonders leicht verdaulich. Auch der Strunk kann ausgezeichnet verwendet werden.

100 g nur:
33 kcal

Karl der Große hatte die Anordnung gegeben, **Karotten** anzupflanzen. Bekannt waren die Wurzeln als Heilpflanze schon bei den Römern und Germanen. Karotten sind mit ihrem Betacarotin, Vitamin C und E sowie Zink ein Booster für das Immunsystem, zudem stärken sie Haut und Augen und schützen die Zellen. Ob als Rohkost, gedünstet als Beilage oder in Eintöpfen – Karotten sind für viele Gerichte einsetzbar, brauchen aber etwas Fett, damit der Körper die Betacarotinoide aufnehmen kann.

100 g nur:
40 kcal

Die Blätter verraten es: Die **Rote Bete** ist mit dem Spinat verwandt, auch wenn ihre Wurzelknollen rund und rot sind. Man kann sie sehr vielseitig verwenden, roh reiben als Salat, den Saft trinken, Suppe (Borschtsch) daraus kochen oder sie im Ofen backen. Rote Bete enthält viele Mikronährstoffe, fördert die Blutbildung und hilft gegen Müdigkeit. Milchsauer vergoren wirkt sie vorbeugend gegen Tumoren.

Fische > Meine Besten

Ob aus Süß- oder Salzwasser: Bei Fisch und Meeresfrüchten zählen nicht nur die Kalorien, sondern auch gut verträgliches Eiweiß, wertvolle Omega-3-Fettsäuren und natürlich auch der Geschmack nach Meer. Allerdings: Nur wirklich frische Ware erfüllt den vollen Anspruch der Energiequalität.

100 g nur: **65 kcal**

Tintenfisch in seinen verschiedenen Arten (von kleinen Sepien über Kalmare bis zum Oktopus) hat so gut wie gar kein Fett, sondern besteht aus Wasser und Eiweiß, B-Vitaminen und Vitamin E, Kupfer, Natrium und Selen. Er sättigt rasch und eignet sich, raffiniert gewürzt, auch als kalte Beilage. Kalmarfleisch lässt sich, wenn es frisch ist, auch roh für Sushi verwenden.

100 g nur: **73 kcal**

Der **Zander** ist ein in Europa weit verbreiteter Raubfisch, der im Süßwasser lebt. Er ist extrem fettarm und zart im Geschmack. Das feste Fleisch lässt sich auf vielfältigste Weise zubereiten: auf dem Grill, in der Pfanne, als Fischcurry, in Eintopf und Suppe oder auch im Sud. Der Zander enthält viele Vitamine und Mineralstoffe sowie wertvolles Eiweiß.

100 g nur: **78 kcal**

Schellfisch eignet sich vor allem zum Pochieren oder auch zum Garen in der Folie. Die Engländer lieben den Fisch aus der Familie der Dorschfische geräuchert. Der mit nur 0,5 Prozent Fett sehr kalorienarme, aber eiweißreiche Fisch hat besonders zartes Fleisch. Weil die Bestände teilweise überfischt sind, auf das MSC-Siegel (Marine Stewardship Council) achten.

100 g nur: **85 kcal**

Die **Scholle** ist vielen als Maischolle bekannt, weil früher die Fischer dann zum ersten Mal wieder in See stachen, doch dieser Plattfisch ist am zartesten im Juni oder Juli und übrigens das ganze Jahr über erhältlich. Die Scholle besitzt saftiges, weißes Fleisch von zartem Geschmack. Ihre Filets lassen sich in wenigen Minuten zubereiten und fantasievoll würzen.

100 g nur: **92 kcal**

Garnelen und Shrimps enthalten wertvolle Omega-3-Fettsäuren, viele Vitamine und den Mineralstoff Fluor. Die krebsartigen Meeresbewohner versorgen uns mit hochwertigem tierischem Eiweiß. Sie lassen sich in Windeseile zubereiten, als eigenständiges Gericht servieren oder mit Fisch kombinieren. Um sicherzugehen, dass er aus nachhaltiger Fischzucht stammt, achten Sie beim Einkauf auf das MSC-Siegel (Marine Stewardship Council).

100 g nur:
110 kcal

3 Gramm Fett auf 100 Gramm **Forelle** – das zeigt schon, wie sehr sich dieser beliebte und leckere Süßwasserfisch für eine gesunde Diät eignet. Man kann die Forelle vielseitig zubereiten. Forelle Blau ist ein kalorienarmer Klassiker, doch auch auf dem Grill punktet dieser kalium- und eiweißreiche Fisch. Erwähnenswert ist auch ihr Gehalt an Vitamin D und E.

100 g nur:
143 kcal

Der **Heilbutt** ist ein Edelfisch und eine echte Delikatesse, zum Beispiel mit Kräutern im Ofen gegart. Im Herbst und Winter ist sein Fleisch besonders schmackhaft. Es enthält neben verträglichem Eiweiß viel Vitamin D und Jod, beides wichtig für den Knochenbau, außerdem Omega-3-Fettsäuren. Die Bestände des Pazifik sind noch nicht von Überfischung bedroht.

100 g nur:
180 kcal

7 bis 11 Prozent Fett hat der **Lachs**, trotzdem zählt er zu den besonders gesunden Fischen, vor allem wegen des hohen Anteils an Omega-3-Fettsäuren. Das wohlschmeckende rosa Fleisch enthält viele Vitamine, Mineralstoffe und Spurenelemente. Wildlachse enthalten weniger Fett, außerdem weniger Antibiotika und Farbstoffe als Zuchttiere.

100 g nur:
204 kcal

Die zur Familie der Thunfische gehörende **Makrele** enthält große Mengen an den Vitaminen D und B12 sowie Omega-3-Fettsäuren. Die Römer benutzten ihre getrockneten Innereien als Gewürz und als Potenzmittel. Der fettreiche (11,5 Prozent) Schwarmfisch wird schonend gefangen und setzt mit seinem kräftigen Aroma Akzente.

100 g nur:
234 kcal

Bekannt ist **Hering** als Matjes, Rollmops, Bismarckhering – doch verwandlungsfähig ist dieser Fisch nicht nur als Konserve. Die Skandinavier bereiten den fettreichen (10 Prozent) Meeresbewohner in vielen Varianten auch frisch zu. Er enthält besonders viel Omega-3-Fettsäuren, aber auch Vitamine und Mineralstoffe.

Fleischsorten > Meine Besten

Die meisten von uns lieben Fleisch. Und das ist auch gut so. Aber es muss nicht jeden Tag Fleisch auf den Teller, und nicht immer Riesenportionen. Allerdings ist Fleisch nicht gleich Fleisch, wenn es ums Abnehmen geht. Besonders fettarm sind Geflügel, aber auch ausgewählte Teile von Kalb, Hirsch oder Rind.

100 g nur: **102 kcal**

Die Chinesen wissen, warum das **Huhn** nicht nur Nahrung, sondern Arznei ist, besonders wegen seines Gehalts an Selen und Zink, aber auch an Eisen und Magnesium. Daneben enthält es Vitamin B6 und B12 und Kalium, einen wichtigen Stoff für die Zellen. Am wenigsten Kalorien hat die Brust, aber wem sie zu fad ist, der kann auch zur Keule (260 kcal) greifen – fettärmer ist es natürlich ohne die Haut.

100 g nur: **107 kcal**

Kalbfleisch ist sehr zart und elegant im Geschmack, leicht verdaulich und schnell zubereitet. Zum Rosagaren verwende ich meist Rücken und Filet vom Kalb. Die glücklichsten Kälber wachsen auf der Weide auf und werden nach neun Monaten geschlachtet. Ihr Fleisch besitzt besonders viel der wertvollen Omega-3-Fettsäuren. Kalbfleisch enthält weniger gichtauslösende Purine als anderes rotes Fleisch.

100 g nur: **124 kcal**

Wild, genauer das Muskelfleisch von Reh und Hirsch, ist sehr fettarm und dabei besonders wertvoll, denn vor allem junges Wildbret enthält herzschonende Omega-3-Fettsäuren. Es ist reich an essenziellen Aminosäuren und kann vom Körper gut in körpereigenes Eiweiß umgewandelt werden. Sein kräftiger Geschmack ist ein interessanter Kontrast zu anderen kalorienarmen Fleischsorten. Damit es zart auf den Teller kommt, muss es gut abgehangen sein.

100 g nur: **129 kcal**

Rindfleisch versorgt den Körper wie kein anderes Lebensmittel mit Eisen und Zink. Es stärkt das Immunsystem und hilft bei der Blutbildung. Wenig Kalorien hat vor allem Rinderfilet (121 kcal), gefolgt von Gulaschfleisch (155 Kcal) und Rinderbrust (199 kcal). Die Fleischqualität hängt von der Fütterung ab: Weidevieh enthält besonders viel der wertvollen Omega-3-Fettsäuren, die das Herz schonen.

100 g nur: **201 kcal**

Lamm wird zu Unrecht als fettes Fleisch verkannt, denn besonders das Rückenfilet ist kaum mit Fett durchzogen. Dass Lämmer nicht in Intensivzucht, sondern draußen auf Weiden gehalten werden, macht ihre Qualität aus. Lamm liefert viel L-Carnitin, das in Kombination mit Bewegung die Fettverbrennung beschleunigt, darüber hinaus viele Vitamine und Mineralstoffe.

Öle > Meine Besten

Stimmt, Fett enthält viel Energie – da lassen sich kaum Kalorien sparen. Das Prinzip Energiequalität bedeutet jedoch, eher auf wertvolle pflanzliche Öle zu setzen. Die hier vorgestellten Öle haben ein optimales Verhältnis der Omega-Fettsäuren. Kulinarische Ausnahme: das Olivenöl.

Omega 6:3
1 : 4

Leinöl ist mein klarer Favorit: Auf einen Anteil Omega-6 (Linolsäure) kommen vier Teile Omega-3 (Alpha-Linolensäure). Es ist daher besonders gefäßschützend und herzschonend. Ein bis zwei Esslöffel am Tag reichen aus, um sich ausreichend mit Omega-3 zu versorgen. Weil sich beim Erhitzen schnell schädliche Stoffe bilden (Rauchpunkt: 107 °C), ist es nur für die kalte Küche geeignet. Man kann das Öl gut in Quarks oder Müslis einrühren oder für Salatsaucen einsetzen. Leinöl schmeckt immer leicht bitter, weshalb ich es gerne mit anderen Ölen kombiniere. Es ist im Kühlschrank nur einen Monat haltbar.

Omega 6:3
2 : 1

Rapsöl ist wegen seiner gesunden Inhaltsstoffe und seiner vielseitigen Verwendbarkeit aus der Küche nicht mehr wegzudenken. Es hat ein optimales Omega-6- zu Omega-3-Verhältnis (doppelt so viel Omega 6 wie 3). Daneben weist es reichlich Vitamin E und Carotinoide auf, die im Körper freie Radikale unschädlich machen, aber auch für die lange Haltbarkeit des Öls sorgen (12 Monate im kühlen Raum). Kalt gepresst eignet es sich für Salatmarinaden, raffiniert lässt es sich auch gut zum Anbraten verwenden.

Omega 6:3
4 : 1

Ganz zu Recht findet das edle **Walnussöl** immer mehr Anhänger. Mit viermal so viel Omega-6 wie Omega-3 ist das Verhältnis dieser Fettsäuren immer noch erfreulich. Wegen seines hohen Gehalts an B-Vitaminen gilt es als besonders nervenstärkend. Einziger Nachteil: Vitamin E, das Öle vor dem Ranzigwerden schützt, findet sich hier wenig (Haltbarkeit: nur 6 Monate). Erhitzen sollte man es nicht (Rauchpunkt: 120 °C). 3 Kilo Nüsse braucht man zur Herstellung von 1 Liter dieses kostbaren Öls. Wegen seines intesiven Geschmacks verwende ich es nur in sehr kleinen Mengen zum Verfeinern der Gerichte.

Omega 6:3
8,5 : 1

Olivenöl hat mit knapp 10 Prozent einen geringen Anteil an mehrfach ungesättigten Fettsäuren, und das Verhältnis der Omega-Fettsäuren lässt zu wünschen übrig. Dafür enthält es andere wertvolle Stoffe, etwa Polyphenole, welche die Blutgefäße weiten und herzschonend sind. Je nach Herkunft bietet es eine reiche Palette von Geschmäckern. Durch sein schützendes Vitamin E ist es lange haltbar und kann als einziges kalt gepresstes Öl auch zum Braten verwendet werden. Wichtig: »Extra vergine« (nativ extra) kaufen, dann wurde es schonend bei niedrigen Temperaturen hergestellt.

> DIE BESTEN TIPPS

Meine kleine Kochschule

Das Prinzip der Energiequalität beginnt beim Einkauf und bei der richtigen Vorratshaltung. Vor allem aber spielt die Zubereitung der Lebensmittel eine wichtige Rolle. In diesem Kapitel verrate ich Ihnen Tricks, wie Sie mit gut gewählten Kochutensilien und mit schonenden Garmethoden die Vitalstoffe bestmöglich erhalten und raffiniert Kalorien sparen. Außerdem erfahren Sie, warum Gewürze das Abnehmen zusätzlich unterstützen können.

SANFTE GARMETHODEN

FÜR BESTE NÄHRSTOFFE, WENIG KALORIEN

Qualität > Beim Einkauf fängt es an

Energiequalität, das bedeutet auch, dass die Lebensmittel reich an wertvollen Inhaltsstoffen sind. Mit der richtigen Lagerung, einer schonenden Vor- und Zubereitung des Essens sorgen Sie dafür, dass möglichst viele Nährstoffe erhalten bleiben und sich der volle Geschmack entfaltet.

Kochgeschirr, das beim Abnehmen hilft: Beschichtete Pfannen helfen, Fett zu sparen, und sollten auf keinen Fall fehlen. Nützlich sind auch Dampftöpfe, etwa ein Fischdämpfer oder ein Bambuskörbchen aus dem Asialaden, in dem sich von Fisch bis zu Teigtaschen und Gemüse viele unterschiedliche Lebensmittel ganz einfach garen lassen.

Für knackiges Gemüse: Achten Sie schon beim Einkauf auf festes, saftiges Fruchtfleisch. Je zarter und empfindlicher das Gemüse und Obst ist, desto rascher sollte es verarbeitet werden. Waschen, schälen und zerkleinern Sie Obst und Gemüse erst kurz vor der Verwendung. Denn sobald das Fruchtfleisch mit Sauerstoff in Berührung kommt, beginnen bei vielen Vitaminen und Mineralstoffen Abbauprozesse. Schälen sollten Sie Gemüse und Obst ohnehin nur, wenn es unbedingt nötig ist – unter und in der Schale sind die meisten Vitamine, Mineralstoffe und Ballaststoffe. Wählen Sie eine nährstoffschonende Garmethode, um Vitamine und Mineralstoffe zu erhalten (s. S. 48 ff.).

Für zartes Fleisch: Dünnere Steaks von 1 bis 1½ cm Dicke braten Sie bei mittlerer Hitze auf beiden Seiten in der Pfanne an, bis jeweils an der Oberseite der Fleischsaft beginnt auszutreten. Dicke Steaks werden rundherum kurz angebraten und ziehen auf einem Gitter im Backofen bei 100 °C rosa durch. Gesalzen wird jeweils nach dem Garen, damit das Fleisch kein Wasser zieht. Bei Schmorfleisch wie Gulasch muss der Garpunkt je nach Fleischsorte individuell geprüft werden.

Für saftigen Fisch: Fisch sollte zwar möglichst frisch, jedoch mindestens einen Tag alt sein, damit er sich gut verarbeiten lässt. Dämpfen, Pochieren oder das Garen im Ofen eignen sich für Fisch und Meeresfrüchte besonders gut (s. S. 48 ff.).

Die richtige Garzeit: Unterschiedliche Zutaten haben unterschiedliche Garzeiten. Wird das beim Zubereiten eines Gerichts berücksichtigt, erhält man ein Gericht, bei dem Farbe, Geschmack und Konsistenz der einzelnen Zutaten optimal entwickelt sind (siehe Bilder unten).

> Auf den Punkt garen

1. Gemüse, die etwa gleich lang garen, werden gemeinsam gedämpft, blanchiert oder gedünstet. Gemüse mit kürzerer Garzeit kommt später dazu.

2. Pilze entfalten ihr Aroma besonders gut, wenn sie in wenig Fett angebraten werden. Andere vorbereitete Gemüsesorten kommen erst später dazu.

3. Zarte Zutaten wie Garnelen werden in einer Pfanne in wenig Öl angebraten, gewürzt und erst vor dem Servieren mit den anderen Zutaten gemischt.

Öle & Fette > Worauf es ankommt

Hochwertige Öle sind extrem empfindlich und müssen sorgsam behandelt werden – damit von der Energiequalität am Ende nicht nur die »Energie« übrig bleibt. Manche Öle schmecken dann so intensiv, dass man sie wie ein Gewürz verwenden und sie entsprechend fein dosieren sollte.

Richtig lagern: Pflanzenöle haben nicht nur höchst unterschiedliche Aromen, sie sind auch unterschiedlich lange haltbar (s. S. 41). Besonders empfindlich ist das Leinöl, das Sie unbedingt im Kühlschrank aufbewahren sollten. Selbst dann ist es geöffnet nur etwa einen Monat lang haltbar. Auch Walnussöl hält sich nur ein halbes Jahr. Oliven- oder Rapsöl (kühler Raum) können Sie hingegen getrost ein Jahr lang aufbewahren. Achten Sie auf das Haltbarkeitsdatum.

Die richtige Wahl: Für Salate sollten Sie kalt gepresste Öle bereithalten, die viele ungesättigte Fettsäuren und Vitamine liefern (s. S. 41). Zum Braten hingegen eignet sich raffiniertes Pflanzenöl, etwa Raps- oder Sonnenblumenöl – achten Sie auf die Angaben auf der Flasche.

Bratöl entfernen: Tupfen Sie auf dem Bratgut verbliebenes Fett mit Küchenpapier ab. Erhitztes und deshalb minderwertiges Fett wird so großteils entfernt und die Fettmenge zugleich reduziert.

Das Beste zum Schluss: Hochwertige Öle wie Nussöle, Lein- oder Olivenöl geben Sie zur Geschmacksabrundung warmer Gerichte erst nach dem Garen dazu. So werden die empfindlichen Fettsäuren nicht während des Kochvorgangs zerstört, und Sie erhalten beides: sowohl gesunde Fettsäuren als auch den feinen Geschmack der hochwertigen Öle.

Weniger ist mehr: Bereits einige Tropfen Öl sorgen dafür, dass der Körper fettlösliche Vitamine, wie etwa Carotin, verwerten kann. Auch als Aromaträger für Geschmacksstoffe reichen oft einige Tropfen aus.

Aromatisierte Öle: Schon wenige Tropfen runden ein Gericht ab (Herstellung siehe Bilder unten). Gut geeignet dafür sind etwa: Rosmarin, Chili, Knoblauch, Ingwer, Zitronenschale und Vanille.

Öle kombinieren: Kräftige Öle wie Kürbiskern- und Nussöl sollten Sie mit milden Ölen wie Rapsöl kombinieren, da sie sonst zu dominant sind.

> Öl aromatisieren

1. In einem Topf 50 ml Sonnenblumenöl mild erwärmen. 4 Scheiben Knoblauch, 10 Scheiben Ingwer und 1 ausgekratzte Vanilleschote dazugeben.

2. Je 1 Streifen unbehandelte Orangen- und Zitronenschale sowie 1 Rosmarinzweig dazugeben. Die Herdplatte ausschalten.

3. 10 Minuten ziehen lassen. Dann 120 ml Soja-, 90 ml Lein- und 40 ml Sonnenblumenöl dazugießen. Abseihen und im Kühlschrank aufbewahren.

Gewürze > Hilfe beim Abnehmen

Der Verwendung verschiedener Gewürze und Kräuter aus aller Welt widme ich mich schon lange mit großer Leidenschaft. Sie geben meinen Gerichten nicht nur den letzten Schliff, sondern unterstützen auf vielfältige Weise das Eigenaroma der Zutaten. So wird auch, wer bisher kein großer Freund von Gemüse war, dessen Geschmack nicht mehr missen wollen.

Fett sparen mit Gewürzen: Fett ist in vielen Gerichten Geschmacksträger für Aromastoffe, die sich oft nur in Fett lösen. So sorgt zum Beispiel etwas Butter in einer cremigen Suppe dafür, dass sie rund und vollmundig schmeckt. Ist die Suppe jedoch raffiniert gewürzt, wird es Ihnen gar nicht auffallen, wenn der »Stich« Butter fehlt.

Vielfältig und gesund mit Gewürzen: Wer abnehmen möchte, tut gut daran, sein Essen oft mit Gewürzen und Kräutern abzuschmecken. Sie werden merken, wie vielfältig die einfachsten Zutaten dann plötzlich sind: Weißkraut etwa lässt sich neben der klassisch bayerischen Variante mit Kümmel auch wunderbar asiatisch mit Curry zubereiten, ein Hähnchenbrustfilet schmeckt orientalisch gewürzt gleich ganz anders als nur »natur«. Einige Gewürze wie Ingwer wirken sich positiv auf die Blutfettwerte aus. Scharfe Gewürze wie die Chilischote etwa regen den Stoffwechsel an (s. S. 15), und es gibt Hinweise darauf, dass ihr Capsaicin dazu beiträgt, sich schneller satt zu fühlen.

Gewürze machen Lust aufs Kochen: Wer einmal auf den Geschmack gekommen ist, wird immer neue Kombinationen ausprobieren wollen. Doch tasten Sie sich vorsichtig an Gewürze heran und finden Sie in Ruhe heraus, was Ihnen persönlich schmeckt. Wer sich beim Würzen zunächst an meine Rezepte hält oder Gewürzmischungen verwendet, ist auf der sicheren Seite.

Für mehr Aroma: Ganze Gewürze bewahren ihr Aroma wie in einem Tresor, erst beim Zerkleinern geben sie es preis, beispielsweise wenn Pfeffer frisch aus der Mühle gemahlen wird.

Auf die Qualität achten: Kaufen Sie Gewürze nur dort, wo Sie sicher sein können, immer gute Qualität zu erhalten. In Geschäften, in denen die Ware lange im Regal liegt, sollten Sie besser nicht einkaufen. Lagern Sie Ihre Gewürze trocken, dunkel und kühl. Frische Kräuter erkennt man recht leicht: bei sattgrünen, knackigen Blättchen und Stielen können Sie getrost zugreifen. Die Kräuter dann bis zur Verwendung in ein feuchtes Küchentuch wickeln und dieses in einem Plastikbeutel im Kühlschrank aufbewahren – trotzdem möglichst bald verbrauchen, da einmal abgeschnittene Kräuter rasch an Aroma verlieren und welken.

Der richtige Zeitpunkt: Würzen Sie immer erst gegen Ende der Garzeit. Wann ein Gewürz ins Essen kommt, hängt davon ab, wie empfindlich es ist, wie rasch es sein Aroma abgibt und ob es gemahlen oder ganz dazugeben wird (siehe Kasten rechts). Auch Kräuter sind extrem empfindlich. Daher sollten Sie sie erst kurz vor der Verwendung waschen, trocken schütteln und zerkleinern. Etwas robustere Kräuter wie Rosmarin, Oregano oder Thymian erhitzen Sie kurz vor Ende der Garzeit einige Minuten mit, zarte Kräuter wie Dill, Kerbel, Basilikum geben Sie erst zum Servieren dazu.

Immer zur Hand haben: Frische Kräuter wie Petersilie, Dill und Schnittlauch können Sie gewaschen und zerkleinert – am besten in kleinen Portionen – einfrieren. Andere Kräuter wie Oregano, Majoran und Bohnenkraut eignen sich besonders gut zum Trocknen, da sie dabei sogar noch an Aroma gewinnen. Gut verschlossen können sie ausgezeichnet aufbewahrt werden.

Praxis Gewürze > Gewusst wie

> Wann Sie Gewürze dazugeben sollten

1. Gewürze wie Ingwer, Chili, Zitronengras oder Limettenblätter kommen etwa 15 Minuten vor Garzeitende an ein Gericht und werden dann entfernt.

2. Gewürze, die rasch Aroma abgeben, etwa Knoblauch, kommen etwa 2 Minuten vor Garzeitende dazu und werden dann entfernt.

3. Gemahlene Gewürze wie Paprika oder Pfeffer werden erst kurz vor Ende der Garzeit hinzugefügt. Salz kommt für die perfekte Dosierung zuletzt dazu.

> Das Aroma herauskitzeln

1. Gewürzdip: Die Gewürzmischung mit 2 EL heißer Brühe verrühren. Mit weiteren Zutaten (z. B. Joghurt, Öl) mit dem Stabmixer verrühren.

2. Pfeffermühle: Schwarzen und grünen Pfeffer, rote Pfefferbeeren, Kubeben- und Szechuanpfeffer zu gleichen Teilen mischen. In eine Mühle füllen.

3. Gewürzöl: Gemüse-, Fleisch- und Fischgerichte werden durch einige Tropfen Gewürzöl (Herstellung siehe Seite 45 unten) abgerundet.

> Chilischote richtig vorbereiten

1. Eine rote Chilischote mit einem spitzen Messer der Länge nach halbieren. Bei sehr scharfen Schoten empfiehlt sich das Tragen von Handschuhen.

2. Die Kerne und die Scheidewände mithilfe des Messers entfernen. Die Chilischotenhälften unter kaltem Wasser waschen.

3. Die Chilihälften in kleine Würfel schneiden. Hände, Messer und Schneidebrett anschließend gründlich reinigen, um die Scharfstoffe zu entfernen.

Garmethoden > Von A bis Z

Wer abnehmen möchte, kann beim Kochen allein durch die Garmethode Fett sparen und für hohe Energiequalität sorgen. Frittiertes und in viel Fett Gebratenes sollte besser gar nicht oder selten auf den Tisch kommen, genauso wenig zerkochtes Gemüse. Und auch wenn einige Garverfahren bei mir nur eine kleine Rolle spielen: Es ist gut zu wissen, was sich dahinter verbirgt!

Backen und Überbacken: Kuchen, herzhaftes Gebäck, Aufläufe und Ofenkartoffeln werden klassisch bei trockener Hitze im Ofen bei Ober- und Unterhitze gebacken bzw. überbacken. Die Temperatur liegt zwischen 150 und 250 °C. Viele Gerichte, die im Ofen gebacken werden, lassen sich gut vorbereiten und können zu einem späteren Zeitpunkt fertiggestellt werden. So lässt sich der Speiseplan auch bei einem knappen Zeitbudget abwechslungsreicher gestalten. Der Nachteil: Gebäck oder Überbackenes ist oft sehr fettreich – in meiner Diät spielt es deshalb keine Rolle.

Blanchieren: Das Gargut wird bis zum gewünschten Gargrad in kochender Flüssigkeit nur so lange wie nötig gegart und anschließend sofort mit kaltem Wasser abgeschreckt. Durch die rasche Unterbrechung des Garprozesses behält Gemüse seine Farbe und hat den optimalen Garpunkt, Tomaten lassen sich leicht häuten oder Kohlblätter werden zum Füllen biegsam gemacht. Wertvolle Nährstoffe bleiben bei dieser Garmethode gut erhalten. Mit blanchiertem Gemüse als Grundzutat lässt sich im Handumdrehen zum Beispiel eine Gemüsepfanne oder ein Gemüsesalat zaubern – ideal also, wenn Sie der Figur zuliebe möglichst oft selbst kochen möchten, aber wenig Zeit haben. Wie Sie richtig blanchieren, zeigen die Bilder auf Seite 49.

Dämpfen: Das Gargut liegt in einem Dämpfeinsatz und gart bei geschlossenem Topfdeckel über kochendem Wasser im aufsteigenden Dampf. Dämpfen ist gut für die Figur, weil kein Fett zugesetzt wird und wertvolle Inhaltsstoffe nicht durch viel Wasser ausgelaugt werden. Die Verluste an hitzeempfindlichen Vitaminen (wie Vitamin C oder Vitamin B1) liegen bei etwa 30 Prozent. Das Garverfahren eignet sich besonders gut für Gemüse und zarten Fisch. Wie Sie richtig dämpfen, zeigen die Bilder auf Seite 49.

Dünsten: Das Garen in wenig Flüssigkeit bei geschlossenem Topfdeckel knapp unter dem Siedepunkt ist eine der grundlegenden Garmethoden in der »schlanken« Küche. Klassisch wird zum Dünsten oft ein wenig Fett beigegeben – nötig ist das aber nicht. Die Garflüssigkeit hat das intensive, konzentrierte Eigenaroma der Zutat und kann sehr gut als Basis für eine Sauce, eine Marinade oder ein Dressing verwendet werden. Durch die geringe Flüssigkeitsmenge bleiben die Nährstoffe besonders gut in den Zutaten erhalten, nur rund 25 Prozent an hitzeempfindlichen Vitaminen (z. B. Vitamin C oder Vitamin B1) gehen verloren. Dünsten ist das optimale Garverfahren für die meisten Gemüsesorten. Ausnahme Auberginen: Die schmecken gedünstet gar nicht mehr. Wie Sie richtig dünsten, zeigen die Bilder auf Seite 49.

Fettarm braten in der Pfanne: Das Garen mit ganz wenig nur mild erhitztem Öl oder Fett bis zum gewünschten Bräunungsgrad eignet sich gut für Fleisch oder Fisch. Der Temperaturregler sollte dabei auf zwei Drittel bis maximal drei Viertel des Maximums eingestellt sein. Zum fettarmen Braten wird zunächst eine trockene beschichtete Pfanne auf mittlere Temperatur erhitzt. Dann erst wird Öl mit einem hitzebeständigen Pinsel (z. B. Silikonpinsel) darin verteilt. -> *Weiter siehe Seite 50*

Schuhbecks Garmethoden

> Richtig blanchieren

1. In einem Topf reichlich Salzwasser aufkochen. Die grünen Bohnen (oder ein anderes Gemüse) hineingeben und bissfest gar kochen.

2. Die gegarten Bohnen aus dem heißen Wasser nehmen und zum Abschrecken sofort in eine Schüssel mit kaltem Wasser geben.

3. Die abgeschreckten Bohnen in ein Sieb abgießen, abtropfen lassen und bis zur Weiterverwendung zugedeckt kühl stellen.

> Richtig dämpfen

1. Den Boden eines Dämpftopfs 2 cm hoch mit Wasser bedecken. Das Wasser aufkochen lassen.

2. Den Dämpfeinsatz mit Öl einpinseln, in den Topf setzen und die Fischfilets darauflegen. Zugedeckt bei milder Hitze 8 bis 10 Minuten dämpfen.

3. Die gegarten Fischfilets mit einem hochwertigen Öl bestreichen und je nach Rezept würzen.

> Richtig dünsten

1. Wenig Flüssigkeit, etwa Wasser oder Brühe, in den Topf geben, sodass der Topfboden gerade bedeckt ist.

2. Die in Scheiben geschnittenen Möhren in den Topf geben, eventuell 2 bis 3 Ingwerscheiben dazugeben und zugedeckt 12 bis 15 Minuten dünsten.

3. Die weich gedünsteten Möhren mit Kräutern und einem hochwertigen Öl, etwa Vital- oder Nussöl oder auch Olivenöl, verfeinern.

Garmethoden > Von A bis Z *(Fortsetzung)*

Dünne Stücke können in der Pfanne fertig gebraten werden, dickere Stücke werden nur angebraten und garen dann im Backofen bei 100 °C zu Ende. Wie Sie richtig und vor allem fettarm braten, zeigen die Bilder auf Seite 51.

Frittieren: Das schwimmende Garen in heißem Fett bei 140 bis 180 °C sollte der Figur zuliebe die Ausnahme sein. Das Gargut wird zuvor meist in Teig getaucht oder paniert, nimmt viel Fett auf und ist deshalb sehr energiereich. So wird der Fettgehalt nicht unnötig hoch: Achten Sie darauf, dass das Fett die richtige Temperatur hat. Frittieren Sie nur kleine Mengen auf einmal, da sonst das Fett zu stark abkühlt und viele Lebensmittel wie Kartoffeln und Auberginen dann mehr Fett aufnehmen. Lassen Sie fertig Frittiertes dann gut auf Küchenpapier abtropfen.

Grillen: Darunter versteht man das Garen oder Überbacken mit hoher Strahlungshitze. Das Gargut kommt dazu auf die untere, höchstens auf die mittlere Schiene in den Backofen. Grillen sorgt ohne Fettzusatz für aromatische Röststoffe bei Fleisch, Fisch und Gemüse.

Kochen: Das Garen in viel kochender Flüssigkeit bei etwa 100 °C im geschlossenen oder offenen Topf spielt vor allem bei Getreide, Teigwaren und Hülsenfrüchten eine Rolle. Diese Zutaten nehmen während des Kochvorgangs viel Flüssigkeit auf und haben oft eine lange Garzeit. Das Kochen eignet sich auch für Gerichte, bei denen die Garflüssigkeit mitverzehrt wird, etwa bei Suppen und Eintöpfen – die während des Garvorgangs ausgelaugten Nährstoffe gehen dabei nicht verloren.

Niedrigtemperaturgaren im Backofen: Fisch oder rosa gebratenes Fleisch wird bei 100 °C Ober- und Unterhitze im Ofen gleichmäßig und langsam gegart. Damit die Hitze das Gargut von allen Seiten gleichmäßig durchdringt, kommt Fleisch auf ein Ofengitter, unter das ein Backblech geschoben wird. Zarter Fisch wird auf ein Backblech gelegt oder kommt sogar direkt auf dem Servierteller in den Ofen. Dieses schonende Garverfahren bewirkt, dass sowohl Fisch als auch Fleisch kontrolliert und gleichmäßig saftig durchziehen können. Wie Sie richtig im Backofen garen, zeigen die Bilder auf Seite 51.

Pochieren: Das ist ein langsames Garziehenlassen unter dem Siedepunkt bei 65 bis 98 °C in viel Flüssigkeit (z. B. Salzwasser oder Brühe). Fett wird bei dieser Garmethode nicht zugesetzt, sie spart also Kalorien. Pochieren eignet sich für empfindliche Lebensmittel wie etwa Fisch, Eier oder Hähnchenbrust, die bei höheren Gartemperaturen leicht zerfallen würden. Wie Sie richtig pochieren, zeigen die Bilder auf Seite 51.

Schmoren: Das Gargut wird zunächst in einem gut schließenden (Schmor-)Topf rundum in wenig Fett angebraten. Nach dem Angießen von Flüssigkeit und der Zugabe weiterer Zutaten wird dann bei fast geschlossenem Topfdeckel (ein Spalt bleibt offen) und bei schwacher Hitze auf dem Herd simmernd (also gerade nicht kochend) oder im Backofen bei 150 bis 160 °C knapp unter dem Siedepunkt langsam fertig gegart. Geschmort werden vor allem größere Fleischstücke, insbesondere wenn sie stark von groben Fasern durchzogen sind und viel Bindegewebe enthalten. Aber auch Hähnchenkeulen und hartes Gemüse wie Kartoffeln oder Fenchel eignen sich gut zum Schmoren.

Rösten: Durch starkes Erhitzen des Garguts in einer Pfanne oder im Backofen ohne Zugabe von Fett oder Flüssigkeit entstehen ähnlich wie beim Grillen Röststoffe, die dem Gargut ein besonderes Aroma verleihen. Diese Methode kommt zum Beispiel zum Häuten von Paprika oder beim Anrösten von Knochen für eine Sauce zum Einsatz.

Schuhbecks Garmethoden

> Richtig pochieren

1. In einem Topf reichlich Salzwasser aufkochen. Den Topf vom Herd nehmen und die Garnelen hineingeben.

2. Die Garnelen 2 Minuten ziehen lassen, dann mit einer Schaumkelle herausheben oder in ein Sieb abgießen.

3. Je nach Rezept weiterverwenden. Oder in wenig Brühe wenden und mit Scampigewürz und Chilisalz würzen.

> Richtig garen im Backofen

1. Ein trocken getupftes Lachsfilet auf einen Porzellanteller legen und mit Frischhaltefolie abdecken.

2. Backofen auf 80 °C (Ober- und Unterhitze) vorheizen. Fisch im Ofen (Mitte) etwa 25 Minuten garen.

3. Das gegarte Lachsfilet mit 1 TL hochwertigem Öl einpinseln und anschließend würzen, z. B. mit Chilisalz.

> Richtig fettarm braten in der Pfanne

1. Die beschichtete Pfanne bei mittlerer Temperatur erhitzen. Wenig Öl mit einem Pinsel dünn darin verstreichen.

2. Das Fleisch (hier Rindersteak) bei milder Hitze von beiden Seiten etwa 2 bis 4 Minuten braun anbraten.

3. Das Fleisch auf einen Teller mit Küchenpapier legen und überschüssiges Fett von der Oberseite abtupfen.

Produkte, die Zeit sparen

Sinnvoll angelegte Vorräte helfen, Zeit und Geld zu sparen. Ganz nebenbei haben Sie dann für den Griff zur Tiefkühlpizza auch keine Ausrede mehr, denn Kühlschrank, Küchenregal und Tiefkühlgerät halten zumindest für einige einfache Gerichte immer die passenden Zutaten bereit. Doch auch dabei muss die Qualität stimmen!

Nur die »reinen« Zutaten vorrätig halten:

Naturbelassener Joghurt, ungesüßte Getreideflocken, Essig und Öl statt einer fertigen Salatsauce – ein Blick auf die Zutatenliste zeigt Ihnen rasch, ob etwa Zucker, Süßstoffe, Aromastoffe oder Verdickungsmittel zugesetzt sind. Je länger die Zutatenliste auf den Lebensmittelverpackungen, desto weniger natürlich ist das Lebensmittel.

Was Sie immer zu Hause haben sollten:

Hier ein kurzer Überblick, weitere Lebensmittel und ihre ideale Aufbewahrung finden Sie auf Seite 53.

- **Milchprodukte** wie Frischkäse oder Hüttenkäse lassen sich mehrere Tage im Kühlschrank aufbewahren. Frischkäse ist ideal, um daraus Brotaufstriche herzustellen, oder als Grundlage für eine einfache Sauce. Hüttenkäse schmeckt gut auf Vollkornbrot zusammen mit etwas Gemüse. Auch Magerquark können Sie oft verwenden, ob als Frühstück oder Zwischenmahlzeit mit Vitalöl und Früchten oder als Beilage etwa zu Kartoffeln.

- Frische **Eier** können Sie sogar mehrere Wochen im Kühlschrank lagern. Sie sind nicht nur ideal für ein schnelles Brot, sondern auch für Salat oder Aufstriche. Bei Heißhunger lassen sich auch rasch Spiegeleier oder Omeletts daraus machen.

- **Gemüse** sind das A und O beim Abnehmen. Immer zu Hause haben sollten Sie frische Tomaten, Gurken, Frühlingszwiebeln und Zucchini. Sie sind immer gut einsetzbar für Salate, Brot, Gemüsepfannen oder Aufstriche. Rote Bete kaufen Sie am besten vakuumiert, dann lässt sie sich sehr lange im Kühlschrank aufbewahren und vor allem auch rasch zubereiten. Ich verwende sie gerne in Salaten oder auch als Gemüsebeilage. Lange Schäl- und Schneidearbeiten erspart Ihnen auch Tiefkühlgemüse. Noch dazu wurde es nach der Ernte direkt schockgefrostet und behält so weitgehend seine Inhaltsstoffe. Aber kaufen Sie keine fertigen Gemüsezubereitungen, denn die enthalten häufig Aromastoffe, Zucker, Sahne oder Verdickungsmittel.

- Auch **Obst** darf bei einem ausgewogenen Abnehmprogramm nicht fehlen. Immer zu Hause haben sollten Sie Zitrusfrüchte und Äpfel. Die Schalen der Zitrusfrüchte brauchen Sie zum Beispiel zum Würzen, die Äpfel können Sie für einen Frühstücksquark oder ein Müsli verwenden. Es lohnt sich auch, tiefgekühlte Beeren zu Hause zu haben, die Sie zum Beispiel in einen Frühstücksquark geben können. Kaufen Sie ansonsten Obst immer frisch und nach Jahreszeit ein.

- **Fisch und Fleisch:** Wenn Sie ein ausreichend großes Tiefkühlfach besitzen, sollten Sie möglichst auch immer Fischfilets, Garnelen oder Hähnchenbrust parat haben. Länger haltbar im Kühlschrank sind auch Matjes, marinierter Lachs und Räuchermakrele oder Thunfisch in der Dose.

- **Beilagen** wie Vollkornnudeln, Reis oder Bulgur brauchen Sie auch immer. Wenn Sie sie vorkochen, sind sie einige Tage im Kühlschrank haltbar.

- **Öle:** Zum Braten brauchen Sie Öle wie Rapsöl oder Olivenöl. Zum Verfeinern verwenden Sie hochwertiges Olivenöl oder Leinöl. Letzteres sollten Sie wegen der empfindlichen Omega-3-Fettsäuren immer im Kühlschrank aufbewahren.

> Im Küchenschrank oder -regal

- Trockenprodukte wie Nudeln, Reis, Bulgur, Couscous, Mehl, getrocknete Hülsenfrüchte, Müsli (ungezuckert), Getreideflocken oder Flockenmischungen, Nüsse, Samen und Kerne, Trockenfrüchte, Knäckebrot oder Pumpernickel
- Dosentomaten, Kichererbsen und Kidneybohnen aus der Dose
- Gewürze: Neben Salz und Pfeffer eine kleine Auswahl an Gewürzen
- Kartoffeln
- Ein bis zwei Essigsorten, z. B. Weißweinessig und Balsamico
- Raffiniertes Pflanzenöl zum Braten, etwa Rapsöl

> Im Kühlschrank

- Eier und Milchprodukte in der Naturvariante: Bei Milchprodukten ist die Auswahl an fettarmen Produkten sehr groß. Fettarme Milch, ein fettarmes Sauermilchprodukt und Frischkäse (auch Hüttenkäse oder Quark) sowie ein fettarmer Käse (dünn aufgeschnitten) sollten im Kühlschrank vorrätig sein.
- Fleisch- und Wurstaufschnitt, dünn aufgeschnitten: magere Sorten wie Geflügelwurst, Roastbeef, gekochter oder roher Schinken ohne Fettrand in kleinen Mengen vorrätig halten (nur so viel, wie Sie innerhalb von wenigen Tagen auch verzehren)
- Matjes, Räuchermakrele oder -forelle, marinierter Lachs
- Frisches Obst und Gemüse der Saison
- Ein bis zwei Sorten kalt gepresstes, hochwertiges Öl, z. B. Leinöl oder Nussöl

> Im Tiefkühlfach oder -schrank

- Tiefgefrorenes Gemüse spart Vorbereitungszeit und lässt sich in vielen Gerichten einsetzen, z. B. für bunte Gemüsepfannen. Und vor allem kommen Sie so oft auch an Gemüse außerhalb der Saison.
- Kräuter wie Petersilie, Schnittlauch oder Dill: Sie können direkt in gefrorenem Zustand an das Gericht gegeben werden.
- Fischfilets, Garnelen und Hähnchenbrustfilets können notfalls auch einmal in der Folie in kaltes Wasser gelegt und so aufgetaut werden.
- Tiefkühlbeeren sind besonders schnell aufgetaut.

> FIT FÜR DEN TAG

Frühstück

Mit leerem Magen in den Tag starten? Das ist wirklich keine gute Idee. Wer nachhaltig abnehmen will, sollte schon morgens eine gesunde Grundlage schaffen: Mit pfiffig belegtem Frühstücksbrot oder fruchtigen Müslis oder auch mit vitalen Gemüse- und Obstsäften – hier finden Sie leckere Muntermacher-Rezepte. Und zudem Ideen für Ihren Sonntagsbrunch.

17 REZEPTE MIT SCHUHBECKS ENERGIEQUALITÄT ZUM GENUSSVOLLEN ABNEHMEN

Clever kombinieren: Vital-Frühstücksquark

Power oder sanfter Start: Quark ist nicht nur ein Sattmacher, der den Magen füllt. Er spendet wertvolles Eiweiß und Energie für den Tag. Sind Sie ein Frühstücksmuffel, dann ist er neutral genug, um Nase und Magen nicht zu belasten, und wird vor allem leicht verdaut. Wollen Sie mit viel Energie in den Tag starten und möchten auch etwas mehr Geschmack, dann können Sie Ihren Frühstücksquark auf verschiedenste Weise anreichern.

Die Grafik rechts zeigt Ihnen einige Beispiele, die Sie natürlich auch täglich variieren können: Empfehlen möchte ich Ihnen auf jeden Fall ein Omega-3-Öl (z. B. mein Frühstücks Power Öl), das zwar Fett in den Magerquark bringt, dafür aber wertvolles Fett. Es enthält ein ausgewogenes Verhältnis der wichtigen Omega-3- und Omega-6-Fettsäuren aus Pflanzen. Die brauchen Sie, um Ihre Gefäße und das Herz zu schützen und um die Nerven zu stärken.

Alle anderen Zutaten hängen vor allem von Ihrem Geschmack ab: Wer es nicht so süß braucht, der kann statt des Honigs Obst hinzufügen – ob Beeren, Apfel oder Birne, ganz nach Ihrem Geschmack. Getreide sollte wegen der Kohlenhydrate nur in Maßen verwendet werden, und Nüsse sind natürlich Luxus – aber ein gesunder! Egal, wie Sie sich Ihr Frühstück zusammenstellen – über 400 Kalorien sollten Sie dabei nicht kommen. Obwohl Sie natürlich die Summe der zugeführten Energie bei einer der nächsten Mahlzeiten wieder einsparen können.

> Kombinationen mit Quark

Quark	+	Omega-3-Öl, Grapefruit und Honig	=	362 kcal
Quark	+	Getreideflocken und Birne	=	283 kcal
Quark	+	Getreideflocken und Apfel	=	297 kcal
Quark	+	Nüsse und Beeren	=	228 kcal

61 kcal
1 EL Honig
133 kcal
1 EL Omega-3-Öl
95 kcal
2 EL Getreide-
flocken
58/32 kcal
½ Grapefruit (133 g)
oder 100 g Beeren
110 kcal
200 g Quark
(< 10% Fett)
86 kcal
1 EL Nüsse
92/78 kcal
1 Apfel
oder 1 Birne

Clever kombinieren: Vital-Frühstücksbrot

Süß oder herzhaft? Deutlich mehr Kalorien als der Frühstücksquark haben zwei Scheiben Weizenvollkornbrot. Aber sie lassen sich endlos vielfältig kombinieren. Die Beispiele rechts zeigen Ihnen, dass Käse natürlich die meisten Kalorien liefert. Er besteht zum Großteil aus Fett. Mit 25 Gramm Frischkäse als Brotaufstrich kommen Sie aber mit deutlich weniger Kalorien aus als mit 10 Gramm Butter, die eben mal so gedankenlos verstrichen werden. Am besten ist es natürlich, wenn Sie den Schinken einfach so auf das Brot legen. Was viele sicher nicht geglaubt hätten, ist der erstaunlich hohe Kaloriengehalt eines gekochten Eis – vergleichbar mit dem von zwei Scheiben Putenschinken. Das sparsamste Frühstücksbrot: dünn mit Frischkäse bestreichen und eine Tomate als Belag. Als Gemüse eignen sich natürlich auch andere Sorten – Paprika zum Beispiel oder Chicorée.

> Kombinationen mit Vollkornbrot

Vollkornbrot	+	Frischkäse und Putenschinken	=	293 kcal
Vollkornbrot	+	Frischkäse, Putenschinken und Ei	=	375 kcal
Vollkornbrot	+	Frischkäse und Tomate	=	223 kcal
Vollkornbrot	+	Frischkäse, Tomate und Mozzarella	=	386 kcal
Vollkornbrot	+	Butter und Tomate	=	247 kcal
Vollkornbrot	+	Butter und Konfitüre	=	274 kcal

74 kcal
10 g Butter

50 kcal
1 EL Frischkäse (Rahmstufe)

82 kcal
1 gekochtes Ei

81 kcal
40 g Putenschinken

162 kcal
2 Scheiben Weizenvollkornbrot (80 g)

11 kcal
1 Tomate (65 g)

38 kcal
1 EL Konfitüre (Aprikose)

163 kcal
½ Kugel Mozzarella

Fenchel-Karotten-Apfel-Saft mit Chili

220 kcal* *Eiweiß: 4 g · Fett: 3 g*
Kohlenhydrate: 42 g · Ballaststoffe: 0 g

Zutaten für 2 Personen:

1 Fenchelknolle (250 g) · 3 Karotten (300 g) · 3 Äpfel (600 g) · 1 EL frischer Ingwer (gewaschen und grob zerkleinert) · 1 TL Omega-3-Öl (z. B. Frühstücks Power Öl, Leinöl) · mildes Chilipulver

1 Den Fenchel putzen, waschen, das Fenchelgrün beiseitelegen und den Fenchel in Spalten schneiden. Die Karotten putzen, schälen und längs halbieren. Die Äpfel waschen, vierteln und entkernen.

2 Fenchel, Karotten, Äpfel und Ingwer mit einer Saftzentrifuge entsaften.

3 Den Fenchel-Karotten-Apfel-Saft in Gläser füllen, mit dem Öl beträufeln und mit 1 Prise Chilipulver bestreuen.

> Variante zum Gewichthalten

265 kcal *Zusätzlich pro Person 75 g reife Mango schälen, klein schneiden und mit dem Stabmixer untermixen.*

Rote-Bete-Drink mit Zimt und Pfeffer

205 kcal *Eiweiß: 2 g · Fett: 3 g*
Kohlenhydrate: 41 g · Ballaststoffe: 0 g

Zutaten für 2 Personen:

1 Rote Bete (200 g) · 1 Karotte (100 g) · 4 reife Birnen (750 g) · 1 TL Omega-3-Öl (z. B. Frühstücks Power Öl, Leinöl) · einige Tropfen Zitronensaft · 1 TL ganzer schwarzer Pfeffer · ½ TL ganze Fenchelsamen · 1 Stück Zimtrinde zum Reiben

1 Die Rote Bete und die Karotte mit einem Sparschäler schälen und in kleine Stücke schneiden. Die Birnen waschen, vierteln, entkernen und in Spalten schneiden.

2 Rote Bete, Karotte und Birnen in der Saftzentrifuge entsaften. Das Öl und den Zitronensaft unterrühren. Den Pfeffer und die Fenchelsamen in eine Gewürzmühle füllen und den Saft damit würzen.

3 Den Rote-Bete-Drink in Gläser füllen und mit einer Zestenreibe etwas Zimt fein darüberreiben.

> Variante zum Gewichthalten

250 kcal *Entsaften Sie zusätzlich 1 Apfel (à 150 g) pro Drink, dessen Geschmack den Saft gut ergänzt.*

* Alle Nährwertangaben beziehen sich auf eine Portion

Grüner Vitamindrink
mit Mango und jungem Spinat

140 kcal *Eiweiß: 3,5 g · Fett: 1 g*
Kohlenhydrate: 27 g · Ballaststoffe: 4 g

Zutaten für 2 Personen:

100 g reife Mango (ohne Stein) · 50 g Banane · 1 Apfel · 70 g Babyspinat · 100 ml Mandelmilch · ½–1 EL Zitronensaft · je 1 Prise Zimtpulver, gemahlener Kardamom und Vanillepulver

1 Die Mango sowie die Banane schälen und in Stücke schneiden. Den Apfel waschen, vierteln, entkernen und klein schneiden. Den Spinat verlesen, waschen und abtropfen lassen.

2 Mango, Banane, Apfel und Spinat mit 200 ml Wasser, der Mandelmilch und dem Zitronensaft in einem Mixer zu einem cremigen Drink pürieren.

3 Den Vitamindrink in Gläser füllen und mit Zimtpulver, Kardamom und Vanillepulver bestreuen.

> Variante zum Gewichthalten

160 kcal *Mit ½ TL Omega-3-Öl (z. B. Frühstücks Power Öl) je Person liefert der Drink noch wertvolle Fettsäuren.*

Erdbeershake
mit Buttermilch und Kardamom

80 kcal *Eiweiß: 5 g · Fett: 1 g*
Kohlenhydrate: 11 g · Ballaststoffe: 2 g

Zutaten für 2 Personen:

200 g Erdbeeren (gekühlt) · 250 g Buttermilch (gekühlt) · ¼ TL grob gemahlener Kardamom · 1 Msp. Vanillemark · einige Tropfen Zitronensaft · 2 Minzeblätter zum Garnieren

1 Die Erdbeeren waschen, putzen und vierteln, 2 kleine Erdbeeren als Garnitur zurückbehalten.

2 Die Erdbeeren mit der Buttermilch, 100 ml kaltem Wasser, Kardamom und Vanillemark im Mixer fein pürieren. Einige Tropfen Zitronensaft hineinträufeln.

3 Den Erdbeershake in Gläser füllen. Mit Minzeblättern und den zurückbehaltenen Erdbeeren garnieren.

> Variante zum Gewichthalten

110 kcal *Mit einem Zusatz von ½ EL Zucker oder Honig pro Person sind es nur 30 kcal mehr.*

Frischkäseaufstriche mit Gewürzen

in vier Variationen

245 kcal pro Portion
Eiweiß: 10,5 g · Fett: 8 g · Kohlenhydrate: 33 g
Ballaststoffe: 6,5 g · Zubereitung: je 5 Min.

Zutaten für je 200 g Frischkäse (je 4 Personen):
Für den Curry-Limetten-Aufstrich: 2 TL (6 g) mildes Currypulver · 1 EL heiße Gemüsebrühe · 150 g Frischkäse (Rahmstufe) · 50 g Joghurt (1,5 % Fett) · abgeriebene Schale von ½ unbehandelten Limette · mildes Chilisalz

Für den Bruschetta-Aufstrich: 1 geh. EL (12 g) Bruschettagewürz · 2 EL heiße Gemüsebrühe · 150 g Frischkäse (Rahmstufe) · 50 g Joghurt (1,5 % Fett) · mildes Chilisalz

Für den Harissa-Aufstrich: 2 TL Harissapulver · 1 EL heiße Gemüsebrühe · 150 g Frischkäse (Rahmstufe) · 50 g Joghurt (1,5 % Fett) · Salz

Für den Kräuterfrischkäse: ½ TL Aglio e olio Gewürz (ersatzweise je 1 Msp. gehackter Knoblauch, geriebener Ingwer und mildes Chilipulver) · 1 EL heiße Gemüsebrühe · 3 EL (15 g) gemischte Kräuterblätter (fein geschnitten, z. B. Petersilie, Schnittlauch, Basilikum, Kerbel, Dill) · 150 g Frischkäse (Rahmstufe) · 50 g Joghurt (1,5 % Fett) · Salz

Außerdem: 8 Scheiben Vollkornbrot (à 40 g)

> Varianten zum Gewichthalten

255 kcal *Rühren Sie 1 TL Omega-3-Öl (z. B. Frühstücks Power Öl) unter den Aufstrich. Das Öl liefert wertvolle Fettsäuren und pro Portion nur etwa 10 kcal mehr.*

265 kcal *Der Kräuterfrischkäse schmeckt auch sehr gut mit Lachs. Dafür 50 g gebeizten Lachs, ersatzweise Räucherlachs, verwenden (Zubereitung siehe rechts).*

Curry-Limetten-Aufstrich

1 Das Currypulver in einer kleinen Schüssel mit der heißen Brühe sämig verrühren.

2 Die Gewürzbrühe mit Frischkäse und Joghurt glatt rühren. Die Limettenschale unterrühren und den Aufstrich mit Chilisalz abschmecken. Pro Person 2 Scheiben Brot dazureichen.

Bruschetta-Aufstrich

1 Das Bruschettagewürz mit der heißen Brühe verrühren und 1 Minute quellen lassen.

2 Die Gewürzbrühe mit Frischkäse und Joghurt verrühren. Den Aufstrich mit Chilisalz abschmecken. Pro Person 2 Scheiben Brot dazureichen.

Harissa-Aufstrich

1 Das Harissapulver in einer kleinen Schüssel mit der heißen Brühe sämig verrühren.

2 Die Gewürzbrühe mit Frischkäse und Joghurt glatt rühren. Den Aufstrich mit Salz abschmecken. Pro Person 2 Scheiben Brot dazureichen.

Kräuterfrischkäse

1 Das Aglio e olio Gewürz mit der heißen Gemüsebrühe verrühren.

2 Die Gewürzbrühe und die Kräuter mit dem Frischkäse und dem Joghurt glatt rühren. Den Aufstrich mit Salz abschmecken. Pro Person 2 Scheiben Brot dazureichen.

3 Für die Variante (siehe Kasten links) den Lachs in kleine Würfel schneiden und unter den Frischkäseaufstrich mischen.

Vitaminbrot

mit Tomate, Mozzarella und Feige

Zutaten für 2 Personen:

4 dünne Scheiben Vollkornbrot (à 25 g) · 4 TL Frischkäse (Rahmstufe, ca. 20 g) · Brotzeitgewürz · 2 Tomaten · 4 Feigen (à 40 g) · 1 Kugel Mozzarella (125 g) · Salz · schwarzer Pfeffer aus der Mühle · 8 Basilikumblätter zum Garnieren

> Varianten zum Gewichthalten

365 kcal *Beträufeln Sie jede Portion mit 1 TL Omega-3-Öl (z. B. Frühstücks Power Öl). Dieses Öl liefert wertvolle Omega-3-Fettsäuren.*

340 kcal *Herzhafter und nur rund 20 kcal pro Person mehr: Zusätzlich 1 dünne Scheibe gekochten Hinterschinken vom Schwein auflegen.*

320 kcal pro Portion

Eiweiß: 16,5 g · Fett: 16 g · Kohlenhydrate: 28 g
Ballaststoffe: 6 g · Zubereitung: 10 Min.

1 Die Brotscheiben mit dem Frischkäse bestreichen und mit dem Brotzeitgewürz großzügig würzen.

2 Die Tomaten waschen und in dünne Spalten schneiden, dabei den Stielansatz entfernen. Die Feigen waschen und in dünne Spalten schneiden, dabei den Stielansatz entfernen. Den Mozzarella ebenfalls in Spalten schneiden.

3 Die bestrichenen Brotscheiben abwechselnd mit Tomaten-, Feigen- und Mozzarellaspalten belegen. Die Brote mit Salz und Pfeffer würzen.

4 Die Basilikumblätter waschen und trocken schütteln. Die Brote mit Basilikum garnieren.

Variante mit Bresaola

Statt der Mozzarellaspalten können die Brote auch herzhafter mit Bresaola oder Parmaschinken belegt werden, wodurch sich der Kaloriengehalt auf 230 kcal pro Portion reduziert. Dafür je 1 bis 2 dünne Scheiben (pro Portion ca. 30 g) Bresaola oder Parmaschinken ohne Fettrand auf die bestrichenen Brote legen. Die Tomaten und die Feigen darauflegen.

Würziges Vollkornbrot

mit Putenschinken, Radieschen und Ei

300 kcal pro Portion
Eiweiß: 16 g · Fett: 12 g · Kohlenhydrate: 30 g
Ballaststoffe: 6 g · Zubereitung: 15 Min.

1 Die Eier in kochendes Wasser legen, 10 Minuten kochen, kalt abschrecken und schälen.

2 Die Radieschen putzen, waschen und in feine Scheiben hobeln. Die Salatblätter waschen, trocken schleudern, grob zerkleinern, mit Zitronensaft und Öl beträufeln und mit Chilisalz würzen.

3 Die Brotscheiben mit dem Frischkäse bestreichen und mit dem Brotzeitgewürz großzügig bestreuen.

4 Die Salatblätter auf die Brotscheiben legen, die Radieschenscheiben daraufstreuen und mit den Putenschinkenscheiben belegen.

5 Die Eier vierteln oder in Scheiben schneiden, auf den Schinken legen und mit Chilisalz würzen. Die Brote mit Kresse garnieren.

Zutaten für 2 Personen:
2 Eier · 4 Radieschen (50 g) · 4 Salatblätter (z. B. Kopfsalat, Radicchio oder Romana) · 1 TL Zitronensaft · 1 TL mildes Salatöl · mildes Chilisalz · 4 dünne Scheiben Vollkornbrot (à 25 g) · 20 g Frischkäse (Rahmstufe) · Brotzeitgewürz · 4 Scheiben Putenschinken · 4 EL Gartenkresse

> Varianten zum Gewichthalten

435 kcal *Geben Sie zusätzlich 2 Scheiben Edamer oder Tilsiter (30 % Fett i. Tr.) auf jedes Brot. Der Käse liefert ein Plus an Kalzium, das gut für die Knochen ist.*

315 kcal *Mit 1 in Scheiben geschnittenen Tomate pro Person hat das Brot nur 15 kcal mehr.*

Frühstücksquark
mit Grapefruit und Beeren

215 kcal* *Eiweiß: 23,5 g · Fett: 5 g*
Kohlenhydrate: 18,5 g · Ballaststoffe: 3 g

Zutaten für 2 Personen:

100 ml Milch (1,5 % Fett) · je 1 Prise Zimtpulver, gemahlener Kardamom und Vanillepulver · 350 g Magerquark · 1 TL Omega-3-Öl (z. B. Frühstücks Power Öl, Leinöl) · 1 Pipette Ingwertropfen (ersatzweise 1 Prise Ingwerpulver) · 1 TL Honig · ½ Grapefruit · 80 g Heidelbeeren

1 Milch mit Zimtpulver, Kardamom und Vanillepulver in einem Topf leicht erwärmen und vom Herd nehmen. Quark, Öl, Ingwertropfen und Honig dazugeben und alles mit dem Stabmixer sämig rühren, bis der Quark glänzt.

2 Grapefruit so schälen, dass auch die weiße Haut mit entfernt wird. Fruchtfilets aus den Trennhäuten schneiden und unter den Quark rühren. Heidelbeeren verlesen, waschen und trocken tupfen. Quark in Schälchen verteilen und mit Beeren bestreuen.

> Variante zum Gewichthalten

235 kcal *Pro Person 1 TL Leinsamen liefert zusätzlich hochwertige Energie mit gesunden Fettsäuren.*

Apfeljoghurt
mit Ingwer und Leinsamen

290 kcal *Eiweiß: 8,5 g · Fett: 8 g*
Kohlenhydrate: 44 g · Ballaststoffe: 6,5 g

Zutaten für 2 Personen:

1 TL geriebener Ingwer · 300 g Joghurt (1,5 % Fett) · 1 TL Omega-3-Öl (z. B. Frühstücks Power Öl, Leinöl) · 500 g Äpfel · 5–6 Minzeblätter · 50 g Heidelbeeren · je 1 Prise Zimtpulver, gemahlener Kardamom und Vanillepulver · 1 EL Leinsamen

1 Ingwer mit Joghurt und Öl glatt rühren. Äpfel waschen, vierteln, entkernen und grob raspeln. Minzeblätter waschen und in feine Streifen schneiden. Heidelbeeren verlesen und waschen.

2 Äpfel, Minze und Heidelbeeren unter den Joghurt rühren und mit Zimtpulver, Kardamom und Vanillepulver verfeinern. Nach Belieben zugedeckt über Nacht kühl stellen, damit das Apfel- und Gewürzaroma durchzieht. Den Apfeljoghurt in Müslischalen verteilen und mit Leinsamen bestreuen.

> Variante zum Gewichthalten

340 kcal *Durch Unterrühren von 1 EL Getreideflocken je Portion sättigt der Joghurt länger.*

* Alle Nährwertangaben beziehen sich auf eine Portion

Bunte Früchte

mit schwarzem Pfeffer

190 kcal *Eiweiß: 1,5 g · Fett: 8 g*
Kohlenhydrate: 27 g · Ballaststoffe: 3,5 g

Zutaten für 2 Personen:

500 g gemischte Früchte (z. B. Mango, Papaya, Ananas, Melone, Apfel, Birne; die Früchte sollten Zimmertemperatur haben) · 1 EL Omega-3-Öl (z. B. Frühstücks Power Öl, Leinöl) · schwarzer Pfeffer aus der Mühle

1 Die Früchte je nach Sorte waschen oder schälen und gegebenenfalls entkernen oder harte Strünke entfernen.

2 Alle Früchte in formschöne Stücke, dünne Scheiben oder Spalten schneiden.

3 Die Fruchtstücke auf Tellern oder in Schälchen anrichten und mit dem Öl beträufeln. Zum Schluss etwas schwarzen Pfeffer darüber mahlen.

> Variante zum Gewichthalten

245 kcal *Für ein Plus an Eiweiß sorgen 100 g Joghurt je Portion, die als Klecks neben die Früchte kommen.*

Geröstetes Nussmüsli

mit Birne und Himbeeren

310 kcal *Eiweiß: 12 g · Fett: 13 g*
Kohlenhydrate: 35 g · Ballaststoffe: 8,5 g

Zutaten für 2 Personen:

1 geh. EL Haselnüsse (15 g) · 1 geh. EL Mandeln (15 g) · 40 g kernige Hafer- oder andere Getreideflocken · 1 TL Leinsamen · ¼ l Milch (1,5 % Fett) · 1 kleine Birne · 1 kleiner Apfel · ¼ TL Zimtpulver · 1 Msp. abgeriebene unbehandelte Orangenschale · 100 g Himbeeren · 2 Minzespitzen

1 Nüsse und Mandeln grob hacken und in einer Pfanne ohne Fett bei mittlerer Hitze hell anrösten. Herausnehmen, mit Haferflocken, Leinsamen und Milch mischen.

2 Birne und Apfel waschen, vierteln, entkernen, in kleine Stücke schneiden und mit Zimtpulver und Orangenschale unter die Flockenmischung rühren.

3 Müsli in Müslischalen verteilen. Himbeeren verlesen und daraufstreuen. Jeweils mit 1 Minzespitze garnieren.

> Variante zum Gewichthalten

340 kcal *Wer etwas mehr Kalorien möchte, kann das Müsli mit ½ EL Honig pro Person süßen.*

Schinkenomelett

mit Champignons und Kräutern

220 kcal pro Portion

Eiweiß: 20 g · Fett: 14 g · Kohlenhydrate: 3 g
Ballaststoffe: 1 g · Zubereitung: 15 Min.

Zutaten für 2 Personen:

Für das Omelett: 2 Scheiben gekochter Hinterschinken (ca. 50 g) · 4 mittelgroße, feste Champignons (ca. 50 g) · 4 Eier · 1 TL Öl · 2 TL Petersilie (frisch geschnitten) · 1 TL Dillspitzen (frisch geschnitten) · frisch geriebene Muskatnuss · mildes Chilisalz

Für die Variante mit Blattsalaten (siehe Kasten unten): 4 EL Gemüsebrühe · 2 TL Weißweinessig · ½ TL Dijonsenf · 2 TL mildes Salatöl · mildes Chilisalz · Zucker · 100 g gemischte Salatblätter

1 Den Schinken in 1 cm große Stücke schneiden. Die Champignons putzen, eventuell mit Küchenpapier trocken abreiben. Die Eier in einer Schüssel mit dem Schneebesen verquirlen.

2 Eine kleine beschichtete Pfanne (ca. 20 cm Durchmesser) bei mittlerer Temperatur sanft erhitzen und ½ TL Öl mit einem Pinsel darin verteilen.

3 Die Hälfte der Eier in die Pfanne gießen und unter Rühren bei milder Hitze etwas anstocken lassen.

4 Das Omelett ohne Rühren ganz stocken lassen, währenddessen die Hälfte der Champignons darüberhobeln. Die Hälfte der Schinkenstücke, 1 TL Petersilie und ½ TL Dill daraufstreuen und mit etwas Muskatnuss würzen.

5 Das Omelett zusammenklappen, auf einen vorgewärmten Teller gleiten lassen und mit Chilisalz würzen. Die restlichen Zutaten auf die gleiche Weise zu einem Omelett verarbeiten.

Variante mit Blattsalaten

1 Für die Variante mit Blattsalaten die Brühe mit dem Essig, dem Senf und dem Öl zu einer Vinaigrette verrühren. Mit Chilisalz und 1 Prise Zucker würzen.

2 Die Salatblätter waschen, putzen und trocken schleudern. Die Salatblätter mit der Marinade vermischen und neben den Omeletts auf den Tellern anrichten.

> Varianten zum Gewichthalten

235 kcal *Ergänzen Sie das Omelett mit 1 kleinen Tomate pro Person. Diese in Scheiben schneiden und in einer beschichteten Pfanne beidseitig kurz erhitzen.*

300 kcal *Serviert mit 50 g marinierten Blattsalaten pro Portion (Zubereitung siehe rechts) wird das Frühstück etwas gehaltvoller, ohne schwer im Magen zu liegen.*

Asiatisches Rührei

mit Shiitake-Pilzen und Chinakohl

270 kcal pro Portion
Eiweiß: 16 g · *Fett:* 20 g · *Kohlenhydrate:* 8 g
Ballaststoffe: 1,5 g · *Zubereitung:* 20 Min.

Zutaten für 2 Personen:

Für das Gemüse: 80 g Shiitake-Pilze · 100 g Chinakohl · ½ TL Öl · 1 Msp. fein gehackter Knoblauch · 1 Msp. fein geriebener Ingwer · 2 TL helle Sojasauce · milde Chiliflocken · abgeriebene Schale von ¼ unbehandelten Limette · 15 g kalte Butter · ½–1 TL Korianderblätter (frisch geschnitten)

Für das Rührei: ½ TL Öl · 4 Eier · mildes Chilisalz

1 Für das Gemüse die Shiitake-Pilze putzen, eventuell mit Küchenpapier trocken abreiben und klein schneiden. Den Chinakohl putzen, waschen, trocken tupfen und in ½ cm breite Streifen schneiden.

2 Eine Pfanne bei mittlerer Temperatur erhitzen und ½ TL Öl mit einem Pinsel darin verteilen. Die Shiitake-Pilze und den Chinakohl in die Pfanne geben und anbraten, dabei zwischendurch rühren.

3 Den Knoblauch und den Ingwer zum Gemüse geben. Die Sojasauce, die Chiliflocken und die Limettenschale hinzufügen und zuletzt die Butter unterrühren. Das Gemüse mit Koriander bestreuen.

4 Für das Rührei eine zweite Pfanne bei mittlerer Temperatur erhitzen und ½ TL Öl mit einem Pinsel darin verteilen. Die Eier aufschlagen, in die Pfanne gleiten und anstocken lassen. Mit einem Teigschaber nach und nach verrühren, sodass ein weiß-gelb durchzogenes Rührei entsteht.

5 Sobald das Ei halb gar ist, die Pfanne vom Herd nehmen. Das Rührei mit Chilisalz leicht würzen und in der Resthitze noch kurz nachziehen lassen, bis es saftig durch ist.

6 Das Rührei flach auf vorgewärmte Teller verteilen und das Gemüse darauf anrichten.

> Varianten zum Gewichthalten

320 kcal *Ziehen Sie unter das Rührei noch 30 g in Würfel geschnittenen Putenschinken pro Person.*

330 kcal *Dazu passt pro Portion 1 dünne Scheibe (30 g) geröstetes Vollkornbrot, die bei den Kalorien nicht allzu stark zu Buche schlägt.*

Geschmortes Ei

auf orientalischem Gemüse

210 kcal pro Portion

Eiweiß: 10 g · Fett: 15 g · Kohlenhydrate: 9 g
Ballaststoffe: 4 g · Zubereitung: 30 Min.

Zutaten für 2 Personen:

½ Zwiebel (50 g) · je ½ rote und gelbe Paprikaschote (je ca. 80 g) · ½ grüne Zucchini (100 g) · 125 ml Gemüsebrühe · 150 g passierte Tomaten (aus der Dose) · 1 Knoblauchzehe (ersatzweise 1 Prise Aglio e olio Gewürz) · 2 Scheiben Ingwer · 1 TL Ras-el-Hanout (ersatzweise Harissapulver) · 1 Frühlingszwiebel (30 g) · 1–2 TL Petersilie (frisch geschnitten) · 1 EL mildes Olivenöl · 2 Eier

1 Die Zwiebel schälen, die Paprikaschoten entkernen und waschen. Beides in 1 ½ cm große Stücke schneiden.

2 Die Zucchini waschen, trocken tupfen, längs vierteln und entkernen. Die Zucchiniviertel schräg in etwa ½ cm dicke Stücke schneiden.

3 Die Paprika- und Zwiebelstücke in 50 ml Gemüsebrühe 5 Minuten bei milder Hitze andünsten, bis das Gemüse fast weich ist. Bei Bedarf noch etwas Brühe nachgießen. Die Zucchinistücke dazugeben.

4 Die passierten Tomaten dazugeben, Knoblauch, Ingwer und Ras-el-Hanout hinzufügen, die übrige Brühe angießen und salzen. Das Gemüse einmal aufkochen lassen und 8 bis 10 Minuten am Siedepunkt ziehen lassen.

5 Die Frühlingszwiebel putzen, waschen und in dünne Ringe schneiden. Mit der Petersilie und dem Olivenöl unter das Gemüse rühren und nochmals abschmecken.

6 Die Eier aufschlagen und mit etwas Abstand zueinander auf das Gemüse gleiten lassen. Einen Deckel auflegen und die Eier etwa 5 Minuten garen, bis das Eiweiß gestockt und der Dotter noch etwas flüssig ist. Das Paprikaragout darf dabei nicht kochen, sondern sollte knapp unter dem Siedepunkt ziehen.

7 Das orientalische Gemüse mit den geschmorten Eiern auf vorgewärmte Teller verteilen.

> Varianten zum Gewichthalten

290 kcal *Mit 1 Scheibe (40 g) getoastetem Vollkornbrot pro Person hat das Gericht nur rund 80 kcal mehr.*

295 kcal *Zusätzlich pro Person noch 1 Ei mehr sorgt für lang anhaltende Sättigung.*

Italienisches Omelett von Spargel

mit Cocktailtomaten und Oregano

240 kcal pro Portion
Eiweiß: 18,5 g · *Fett:* 15 g · *Kohlenhydrate:* 8 g
Ballaststoffe: 2,5 g · *Zubereitung:* 25 Min.

1 Den Spargel waschen, abtropfen lassen, im unteren Drittel schälen und die holzigen Enden entfernen. Die Stangen schräg in 3 bis 4 mm dicke Scheiben schneiden. Die Cocktailtomaten waschen und halbieren. Die Frühlingszwiebeln putzen, waschen und in 5 bis 7 mm dicke Scheiben schneiden.

2 Die Eier und die Milch mit dem Schneebesen in einer Schüssel verrühren. Mit Oregano, Aglio e olio Gewürz, Petersilie, Pfeffer, Chilisalz und einem Hauch Muskatnuss würzen.

3 Eine mittelgroße Pfanne bei mittlerer Temperatur erhitzen und das Öl mit einem Pinsel darin verteilen. Die Spargelscheiben darin kurz unter Rühren andünsten. Mit der Brühe ablöschen, die Frühlingszwiebeln dazugeben und weiterdünsten, bis die Flüssigkeit verkocht ist. Mit Chilisalz würzen.

4 Die Eiermischung unter das Gemüse in der Pfanne rühren und die Tomatenhälften darauf verteilen. Einen Deckel auflegen und die Eier bei milder Hitze 4 bis 5 Minuten stocken lassen.

5 Das Omelett aus der Pfanne nehmen und in Stücke schneiden. Auf vorgewärmten Tellern anrichten und mit frischen Kräuterblättern garnieren.

Zutaten für 2 Personen:

150 g grüner Spargel · 100 g Cocktailtomaten · 2 Frühlingszwiebeln · 4 Eier · 5 EL Milch (1,5 % Fett) · ½ TL Oregano · 1 Prise Aglio e olio Gewürz (ersatzweise ½ fein geriebene Knoblauchzehe und 1 Msp. fein geriebener Ingwer) · 1 TL Petersilie (frisch geschnitten) · schwarzer Pfeffer aus der Mühle · mildes Chilisalz · frisch geriebene Muskatnuss · 1 TL Olivenöl · 50 ml Gemüsebrühe · Kräuterblätter zum Garnieren (z. B. Basilikum, Petersilie)

> Varianten zum Gewichthalten

285 kcal *Etwas deftiger werden die Omeletts, wenn Sie 40 g in Würfel geschnittenen gekochten Hinter- oder Putenschinken je Portion darauf verteilen.*

300 kcal *Rühren Sie pro Person 1 EL geriebenen Parmesan (15 g) in die Eier oder bestreuen Sie diese damit.*

Kleine Rinderfiletsteaks

mit Kräuter-Spinat-Salat und Gewürzbutter

355 kcal pro Portion
Eiweiß: 35 g · Fett: 22 g · Kohlenhydrate: 4 g
Ballaststoffe: 2,5 g · Zubereitung: 50 Min.

Zutaten für 2 Personen:

Für den Salat: 2 Tomaten · 2 kleine Frühlingszwiebeln · 100 g Babyspinat · 50 ml Gemüsebrühe · 3 TL Zitronensaft · 1 EL mildes Salatöl · mildes Chilisalz · 1 EL Petersilie (fein geschnitten) · 1 EL Minze (fein geschnitten) · 1 EL Dill (fein geschnitten)

Für das Rinderfilet: 300 g Rinderfilet (küchenfertig, vorzugsweise aus dem auslaufenden dünnen Stück) · ½ TL Öl · 60 ml Geflügelbrühe · 1 gestr. TL Steak- und Grillgewürz (ersatzweise 1–2 TL frisch geschnittene Kräuter, z. B. Petersilie, Basilikum, Kerbel und Dill) · 1 EL kalte Butter · Salz

1 Für den Salat die Tomaten waschen, vierteln und entkernen, dabei den Stielansatz entfernen. Die Tomaten in kleine Würfel schneiden. Die Frühlingszwiebeln putzen, waschen und in feine Ringe schneiden. Die Spinatblätter waschen, verlesen und trocken schleudern.

2 Die Brühe mit dem Zitronensaft und dem Öl verrühren und mit Chilisalz würzen. Spinat, Petersilie, Minze, Tomaten und Frühlingszwiebeln mit der Zitronenmarinade vermischen und salzen.

3 Für das Rinderfilet das Fleisch in 1 ½ bis 2 cm dicke Scheiben schneiden. Die Filetsteaks mit dem Handballen etwas flach drücken. Eine Pfanne bei mittlerer Temperatur erhitzen und das Öl mit einem Pinsel darin verteilen.

4 Das Fleisch in der Pfanne 2 ½ bis 3 Minuten anbraten, bis es an der Oberfläche leicht zu schwitzen beginnt und sich nach oben wölbt. Die Steaks wenden und weitere 2 ½ bis 3 Minuten braten, bis sich die Fleischstücke wieder nach oben wölben und an der Oberfläche rötlicher Fleischsaft zu sehen ist. Die Steaks vom Herd nehmen, in der Pfanne noch 1 Minute ziehen lassen und dann herausnehmen.

5 Den Bratsatz mit Brühe ablöschen, Steak- und Grillgewürz dazugeben und bis auf 2 EL einköcheln lassen. Die Pfanne vom Herd nehmen und die Butter unter den Bratsatz rühren. Die Steaks in der Sauce wenden und mit Salz würzen.

6 Die Filetsteaks auf vorgewärmten Tellern anrichten und mit der Gewürzbutter beträufeln. Den Kräuter-Spinat-Salat daneben anrichten.

> Varianten zum Gewichthalten

450 kcal *100 g gebratene Kartoffeln pro Person passen sehr gut als Beilage, wenn es nicht vorrangig ums Abnehmen geht. Zum Braten reicht ½ TL Öl.*

415 kcal *Pro Person 1 dünne Scheibe (à 30 g) getoastetes Vollkornbrot erhöht den Gehalt an Kohlenhydraten auf rund 16 g.*

Freilandhuhn

mit würzigem Pfannengemüse

185 kcal pro Portion
Eiweiß: 27 g · *Fett:* 6 g · *Kohlenhydrate:* 5 g
Ballaststoffe: 4 g · *Zubereitung:* 25 Min.

Zutaten für 2 Personen:

Für das Pfannengemüse: 100 g Fenchelknolle · ½ rote Paprikaschote (100 g) · 1 kleine Zucchini (150 g) · 1 ½ TL Olivenöl · mildes Chilisalz

Für die Hähnchenbrust: 200 g Hähnchenbrust ohne Haut · ½ TL Olivenöl

Für die Marinade: 80 ml Geflügelbrühe · 1 TL Steak- und Grillgewürz (oder Brathähnchengewürz)

1 Für das Pfannengemüse den Fenchel putzen, waschen und samt dem Strunk mit einem scharfen Messer in dünne Scheiben schneiden. Die Paprika entkernen, waschen und in etwa 3 cm große Stücke schneiden. Die Zucchini putzen, waschen und schräg in etwa ½ cm dicke Scheiben schneiden.

2 Für die Hähnchenbrust das Fleisch waschen und mit Küchenpapier trocken tupfen. Sehr schräg in etwa ½ cm dicke Scheiben schneiden und diese halbieren.

3 Für das Gemüse eine große Pfanne bei mittlerer Temperatur erhitzen und mit einem Pinsel so wenig Öl wie möglich darin verteilen. Fenchel, Paprika und Zucchini nach und nach darin auf beiden Seiten anbraten. Dabei nach und nach das übrige Öl mit einem Pinsel in der Pfanne verteilen, immer unmittelbar bevor wieder frisches Gemüse in die Pfanne kommt. Das Gemüse auf Küchenpapier abtropfen lassen, mit Chilisalz würzen und beiseite stellen.

4 Für die Hähnchenbrust das Öl mit einem Pinsel in der Pfanne verteilen. Die Fleischscheiben darin bei mittlerer Temperatur auf beiden Seiten je etwa 1 Minute braten. Die Hähnchenbrustscheiben aus der Pfanne nehmen.

5 Für die Marinade den Bratsatz mit der Brühe ablöschen, das Steak- und Grillgewürz unterrühren und etwa auf die Hälfte einkochen lassen.

6 Die Hähnchenscheiben und das Pfannengemüse in der Marinade nochmals kurz erhitzen. Das Gemüse auf vorgewärmten Tellern anrichten und die Hähnchenbrustscheiben darauflegen.

> Varianten zum Gewichthalten

250 kcal *Rühren Sie noch insgesamt 1 EL Olivenöl in die Marinade. Dadurch erhöht sich der Fettgehalt pro Portion auf etwa 14 g.*

265 kcal *Mit 1 Scheibe getoastetem Vollkornbrot (40 g) pro Person kommen mehr Kohlenhydrate ins Spiel.*

> VIELSEITIG UND FÜR JEDEN ANLASS

Suppen

Sie eignen sich wunderbar für die leichte Abnehmküche: Suppen und Eintöpfe. Die Zubereitung ist unkompliziert, sie lassen sich prima variieren, und durch ihren hohen Flüssigkeitsanteil sättigen sie angenehm und geben neue Energie. Ob cremig oder klar, ob als Vorspeise oder Hauptgericht – hier finden Sie raffinierte Rezepte für jeden Geschmack.

10 REZEPTE MIT SCHUHBECKS ENERGIEQUALITÄT ZUM GENUSSVOLLEN ABNEHMEN

Clever kombinieren: Suppenvariationen

Wer Suppen liebt, kann sich als Kaspar oder als König geben: Die Geflügelbrühe, fettarm, proteinreich und durch ihr enthaltenes Zink wertvoll für das Immunsystem, ist ein Verwandlungskünstler ohnegleichen. Suppen lassen sich als Vorspeise oder vollwertiges Hauptgericht zubereiten und sind auch für ein leichtes Abendessen ideal.

Die Sparvariante wäre, die Suppe einfach zu löffeln oder zu trinken – vielleicht mit einer Scheibe Ingwer gewürzt. Wer doch Substanzielleres im Magen haben möchte, der fügt Gemüse hinzu, zum Beispiel Fenchel, Lauch, Staudensellerie und eine Kartoffel. Nur halb so viele Kalorien hat hingegen die zweite Gemüsevariante: mit Paprika, Zucchini und Zwiebel. Gesund sind beide.

Das trifft auch für eine Einlage aus Hülsenfrüchten zu: Linsen (wer noch Kalorien gut hat, kann sie mit Sahne verfeinern) enthalten Eisen sowie wertvolle Pflanzeninhaltsstoffe, sie sind eiweißreich und sättigen gut. Außerdem haben sie nur halb so viele Kalorien wie ein Stück Lachs etwa in einer Fischsuppe, der jedoch ein ausgewogenes Verhältnis von Omega-Fettsäuren aufweist und wichtig ist für ein gesundes Herz. Da kann man schon mal ein paar Kalorien in Kauf nehmen – wenn man sie an anderer Stelle ausgleicht. Etwas weniger Kalorien hat mageres Rindfleisch, zum Beispiel für eine Gulaschsuppe.

> Kombinationen mit Geflügelbrühe

Brühe	+	Rindfleisch, Paprika, Zucchini, Zwiebel	=	274 kcal
Brühe	+	Lachs, Kartoffel, Fenchel, Sellerie, Lauch	=	378 kcal
Brühe	+	Lachs, Kartoffel, Fenchel, Sellerie, Lauch, Sahne	=	469 kcal
Brühe	+	Linsen und Sahne	=	243 kcal

91 kcal
2 EL Sahne

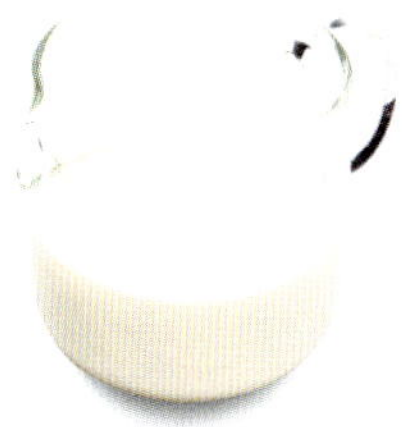

139 kcal
40 g rote Linsen

270 kcal
150 g Lachs

13 kcal
250 ml Geflügelbrühe

95 kcal
Gemüse 2
(100 g Kartoffel, je 33 g Fenchel, Staudensellerie, Lauch)

35 kcal
Gemüse 1
(50 g Paprika, 50 g Zucchini, 50 g Zwiebel)

226 kcal
150 g Rindfleisch (gebraten)

Asiatische Garnelensuppe

mit Chili und Zitronengras

130 kcal pro Portion

Eiweiß: 19,5 g · Fett: 2 g · Kohlenhydrate: 7 g
Ballaststoffe: 3,5 g · Zubereitung: 30 Min.

Zutaten für 2 Personen:

Für die Suppe: 1 Stange Staudensellerie · 1 kleine rote Paprikaschote · 1 Blatt Chinakohl · 50 g Champignons · 1 Frühlingszwiebel · 600 ml Geflügelbrühe · 1 Stängel Zitronengras · 3 kleine Kaffirlimettenblätter (aus dem Asia-Laden) · 1 EL Fischsauce · 1 getrocknete rote Chilischote · 3 Scheiben Ingwer · 1 Knoblauchzehe (in Scheiben) · mildes Currypulver · 1–2 TL Korianderblätter (frisch geschnitten)

Für die Garnelen: 250 g Riesengarnelen · Salz

Außerdem: 1–2 TL Korianderblätter (frisch geschnitten)

1 Für die Suppe den Staudensellerie putzen, waschen und in 3 bis 4 mm dicke Scheiben schneiden. Die Paprikaschote halbieren, entkernen, waschen und in etwa 1 ½ cm große Stücke schneiden. Den Chinakohl waschen, trocken tupfen und in Streifen schneiden. Die Champignons putzen, trocken abreiben und halbieren oder vierteln. Die Frühlingszwiebel putzen, waschen und in 3 bis 4 mm dicke Scheiben schneiden.

2 Die Brühe in einem Topf erhitzen. Das Zitronengras putzen, waschen und längs halbieren. Die Limettenblätter mehrfach einreißen. Zitronengras, Limettenblätter, Staudensellerie und Paprika in die Brühe geben. Fischsauce, Chilischote und Ingwer dazugeben und knapp unter dem Siedepunkt etwa 10 Minuten ziehen lassen.

3 Chinakohl, Champignons, Frühlingszwiebel und Knoblauch dazugeben. Alles mit 1 Prise Currypulver würzen und weitere 3 bis 4 Minuten ziehen lassen. Die Chilischote, die Limettenblätter, das Zitronengras und die Ingwerschweiben aus der Suppe nehmen.

4 Die Garnelen schälen, am Rücken entlang einschneiden und den dunklen Darm entfernen. Die Garnelen waschen, trocken tupfen und längs halbieren. In einem Topf Salzwasser aufkochen. Das Wasser vom Herd nehmen, die Garnelen hineingeben und 2 Minuten darin ziehen lassen. In ein Sieb abgießen.

5 Die Garnelen in die Suppe geben. Die Garnelensuppe nochmals abschmecken, in vorgewärmten tiefen Tellern anrichten und nach Belieben mit Koriander bestreuen.

> Varianten zum Gewichthalten

145 kcal *Durch die Zugabe von 1 EL gegartem Reis pro Person enthält die Suppe etwas mehr Kohlenhydrate. Verwenden Sie möglichst Naturreis, der mehr Ballaststoffe, Mineralstoffe und Vitamine liefert als weißer Reis.*

175 kcal *Für eine feine exotische Note sorgt ½ EL gehackte Erdnüsse je Person. Durch diese erhöht sich der Fettgehalt der Suppe etwas.*

Andalusischer Fischeintopf

mit Lachs und Kabeljau

400 kcal pro Portion

Eiweiß: 34,5 g · *Fett:* 20 g · *Kohlenhydrate:* 15 g
Ballaststoffe: 4 g · *Zubereitung:* 40 Min.

Zutaten für 2 Personen:

Für die Suppe: ½ Zwiebel · 1 Stange Staudensellerie · ¼ Fenchelknolle · ¼ dünne Stange Lauch · 1 Kartoffel (ca. 100 g) · 1 Knoblauchzehe · 100 g Cocktailtomaten · 1 EL Olivenöl · 40 ml Weißwein · 600 ml Geflügelbrühe · 1 kleines Lorbeerblatt · 6–8 Safranfäden · 1 Streifen unbehandelte Zitronenschale · 50 g passierte Tomaten (aus der Dose) · Salz · ½ TL mildes Currypulver · 1 Prise mildes Chilipulver · 1 TL Petersilie (frisch geschnitten)

Für den Fisch: 200 g Lachsfilet (küchenfertig, ohne Haut) · 100 g Kabeljaufilet (küchenfertig, ohne Haut) · Salz

> Varianten zum Gewichthalten

480 kcal *Ergänzt durch 1 Scheibe getoastetes Vollkornbrot (40 g) pro Portion erhöht sich der Gehalt an Kohlenhydraten.*

445 kcal *Beträufeln Sie den Eintopf zum Anrichten mit 1 TL Olivenöl pro Portion.*

1 Für die Suppe die Zwiebel schälen und in kleine Würfel schneiden. Sellerie, Fenchel und Lauch putzen und waschen. Den Sellerie in dünne Scheiben schneiden. Den Fenchel halbieren und quer in dünne Streifen schneiden. Den Lauch ebenfalls quer in dünne Streifen schneiden. Die Kartoffel schälen und in 1 cm große Würfel schneiden. Die Knoblauchzehe schälen und halbieren. Die Tomaten waschen und halbieren.

2 In einem Topf 1 TL Olivenöl erhitzen. Zwiebel, Sellerie, Fenchel und Kartoffel darin bei milder Hitze glasig anschwitzen. Mit Weißwein ablöschen und etwas einköcheln lassen.

3 Die Brühe dazugießen, das Lorbeerblatt einlegen und alles knapp unter dem Siedepunkt etwa 15 Minuten ziehen lassen. Lauch, Knoblauch, Safran und Zitronenschale hinzufügen und weitere 5 Minuten ziehen lassen. Lorbeerblatt, Knoblauch und Zitronenschale anschließend wieder entfernen.

4 Die passierten Tomaten und das restliche Olivenöl unter die Suppe rühren. Mit Salz, mildem Curry- und Chilipulver würzen.

5 Für den Fisch Lachs und Kabeljau waschen, trocken tupfen und in 2 cm große Würfel schneiden. In einem Topf reichlich Salzwasser zum Kochen bringen. Das Wasser vom Herd nehmen, die Lachs- und Kabeljaustücke einlegen und 2 bis 3 Minuten darin glasig durchziehen lassen. Vorsichtig in ein Sieb abgießen.

6 Die Lachs- und Kabeljaustücke, die Tomaten und die Petersilie in die Suppe geben. Den Fischeintopf in vorgewärmten tiefen Tellern anrichten.

Spargel-Zitronen-Suppe

mit einem Hauch Curry

195 kcal pro Portion
Eiweiß: 6,5 g · *Fett:* 15 g · *Kohlenhydrate:* 9 g
Ballaststoffe: 3,5 g · *Zubereitung:* 35 Min.

Zutaten für 2 Personen:
250 g weißer Spargel · 250 g grüner Spargel · ½ l Geflügelbrühe · 60 g Sahne · 1 TL Speisestärke · ½ TL abgeriebene unbehandelte Zitronenschale · 10 g kalte Butter · mildes Chilisalz · mildes Currypulver · frisch geriebene Muskatnuss · einige Tropfen Zitronensaft

1 Den Spargel waschen. Den weißen Spargel ganz, den grünen Spargel nur im unteren Drittel schälen, und die holzigen Enden jeweils abschneiden. Die Spargelschalen beiseitestellen.

2 Die Brühe in einem Topf aufkochen lassen und die Spargelschalen darin knapp unter dem Siedepunkt 20 Minuten ziehen lassen. Den Spargelsud durch ein Sieb in einen Topf gießen, die Spargelschalen dabei mit dem Schöpflöffel gut ausdrücken und entfernen.

3 Die Spargelstangen schräg in etwa 1 cm dicke Scheiben schneiden, in den Spargelsud geben und knapp unter dem Siedepunkt 5 bis 10 Minuten bissfest gar ziehen lassen. Den Sud erneut durch ein Sieb in einen Topf gießen, die Spargelscheiben warm stellen.

4 Die Sahne in den Topf zum Spargelsud gießen und erhitzen. Die Speisestärke mit wenig kaltem Wasser glatt rühren, unter Rühren in die leicht köchelnde Suppe geben und etwa 2 Minuten leicht köcheln lassen. Die Suppe vom Herd nehmen, die Zitronenschale mit der Butter dazugeben und mit dem Stabmixer unterrühren. Mit Chilisalz, 1 Prise Currypulver, etwas Muskat und Zitronensaft abschmecken.

5 Die Spargelscheiben auf vorgewärmte Suppenteller verteilen, die Suppe nochmals mit dem Stabmixer aufschäumen und darübergeben.

> Varianten zum Gewichthalten

275 kcal *Bestreuen Sie die Suppe mit Brotcroûtons, die nur wenige Kalorien zusätzlich liefern. Dafür pro Person ½ dicke Scheibe Vollkornbrot (ca. 40 g) in etwa 1 cm große Würfel schneiden und in einer Pfanne ohne Fett anrösten.*

215 kcal *Pochieren Sie pro Portion 1 EL in Würfel geschnittenes Saiblingsfilet. Die Fischwürfel dazu 1 Minute in heißes Salzwasser tauchen und dann abseihen.*

Bunter Eintopf
von Gartengemüse

140 kcal pro Portion

Eiweiß: 5,5 g · *Fett:* 6 g · *Kohlenhydrate:* 15 g
Ballaststoffe: 5 g · *Zubereitung:* 30 Min.

Zutaten für 2 Personen:

1 Kartoffel (70 g) · ½ Karotte (40 g) · ½ Zwiebel · 50 g junger Weißkohl · ¼ kleine Fenchelknolle · ½ rote Paprikaschote · 40 g kleine weiße Champignons · 2 Frühlingszwiebeln · 40 g breite Bohnen · Salz · 700 ml Geflügelbrühe · 1 Knoblauchzehe · 1 Thymianzweig · 1 Scheibe Ingwer · 1 Streifen unbehandelte Zitronenschale · mildes Chilisalz · 2 TL Olivenöl · 1 TL Petersilienblätter (frisch geschnitten)

1 Die Kartoffel schälen, waschen und in 1 cm große Würfel schneiden. Die Karotte putzen, schälen und schräg in ½ cm dicke Scheiben schneiden. Die Zwiebel schälen und in 1 ½ cm große Stücke schneiden. Den Weißkohl putzen, waschen und in 1 ½ cm große Stücke schneiden. Den Fenchel putzen, waschen, längs vierteln und quer in 1 ½ cm große Stücke schneiden. Die Paprikaschote entkernen, waschen und in 1 ½ cm große Stücke schneiden. Die Champignons putzen, trocken abreiben und vierteln. Die Frühlingszwiebeln putzen, waschen und schräg in ½ cm dicke Ringe schneiden.

2 Die Bohnen putzen, waschen und schräg in 1 ½ cm lange Stücke schneiden. In kochendem Salzwasser 4 bis 5 Minuten weich garen. In ein Sieb abgießen, kalt abschrecken und abtropfen lassen.

3 Kartoffel, Karotte, Zwiebel, Weißkohl, Fenchel und Paprika mit der Brühe und dem Lorbeerblatt in einen Topf geben. Das Gemüse knapp unter dem Siedepunkt 10 bis 15 Minuten weich garen.

4 Kurz vor Ende der Garzeit Champignons, Frühlingszwiebeln, Bohnen sowie Knoblauch, Thymian, Ingwer und Zitronenschale hinzufügen. Die Knoblauchzehe halbieren und mit Thymian, Ingwer sowie Zitronenschale in den Eintopf geben und einige Minuten ziehen lassen. Die Gewürze dann wieder entfernen und den Eintopf mit Chilisalz abschmecken.

5 Zum Anrichten den Eintopf in vorgewärmte tiefe Teller verteilen, mit dem Olivenöl beträufeln und mit der Petersilie bestreuen.

> Variante zum Gewichthalten

245 kcal *Eine Einlage aus 100 g Hähnchenbrust je Person liefert wertvolles Eiweiß. Das Fleisch in 1 ½ cm große Würfel schneiden, in Salzwasser einige Minuten pochieren (siehe Seite 51) und in den Eintopf geben.*

Schuhbecks Minestrone

mit Olivenöl und Chili

190 kcal pro Portion
Eiweiß: 5,5 g · Fett: 8 g · Kohlenhydrate: 23 g
Ballaststoffe: 5,5 g · Zubereitung: 30 Min.

1 Die Kartoffeln schälen, waschen und in 1 cm große Würfel schneiden. Den Fenchel und den Sellerie putzen, waschen und beides in 1 cm große Stücke schneiden. Die Karotte putzen, schälen, längs halbieren und in ½ cm dicke Scheiben schneiden. Die Zucchini putzen, waschen, längs vierteln und in ½ bis 1 cm dicke Scheiben schneiden. Die Tomaten waschen und halbieren.

2 Die Brühe mit den Kartoffeln, dem Fenchel, dem Sellerie und der Karotte in einen Topf geben. Das Lorbeerblatt einlegen und alles bei milder Hitze knapp unter dem Siedepunkt 15 Minuten garen. Die Zucchini dazugeben und die Suppe weitere 5 Minuten garen.

3 Das Bruschettagewürz und die Tomaten dazugeben und die Suppe mit Chilisalz würzen. Das Lorbeerblatt wieder entfernen.

4 Die Minestrone in vorgewärmten tiefen Tellern anrichten und mit Olivenöl beträufeln.

Zutaten für 2 Personen:
2 festkochende Kartoffeln (200 g) · ¼ Fenchelknolle (80 g) · 1 Stange Staudensellerie · 1 kleine Karotte (60 g) · ¼ Zucchini (ca. 80 g) · 80 g kleine Cocktailtomaten · ½ l Geflügelbrühe · 1 EL Bruschettagewürz · mildes Chilisalz · 1 EL Olivenöl

> Varianten zum Gewichthalten

220 kcal *Wer die Suppe noch mit insgesamt 1 EL (15 g) Parmesanspänen bestreut, hat pro Portion nur 30 kcal mehr auf dem Teller.*

280 kcal *Mit insgesamt 200 g Garnelen erhöhen Sie den Gehalt an Eiweiß um rund 19 g pro Portion.*

Fenchelsuppe

mit Curry und Orange

190 kcal pro Portion
Eiweiß: 7,5 g · Fett: 13 g · Kohlenhydrate: 10 g
Ballaststoffe: 10,5 g · Zubereitung: 25 Min.

Zutaten für 2 Personen:
2 kleine Fenchelknollen (ca. 500 g) · ½ l Geflügelbrühe · 10 Fenchelsamen · 50 g Sahne · 1 Scheibe Knoblauch · ½ TL fein geriebener Ingwer · 10 g kalte Butter · ¼ TL mildes Currypulver · 1 Msp. abgeriebene unbehandelte Orangenschale · mildes Chilisalz

Für die Variante mit Garnelen: 6 Riesengarnelen · Salz

1 Den Fenchel putzen, waschen, halbieren und samt Strunk in dünne Scheiben schneiden. Das Fenchelgrün für später zum Garnieren beiseitelegen.

2 Den Fenchel mit der Geflügelbrühe und den Fenchelsamen in einen Topf geben und bei milder Hitze knapp unter dem Siedepunkt etwa 15 Minuten mehr ziehen als köcheln lassen, bis der Fenchel weich ist. Ein Drittel des Fenchels aus dem Topf nehmen und beiseitestellen.

3 Die Sahne, den Knoblauch, den Ingwer und die Butter zur Suppe geben und alles mit dem Stabmixer pürieren. Das Currypulver unterrühren und einige Minuten ziehen lassen. Die Suppe mit Orangenschale und Chilisalz abschmecken.

4 Das beiseitegestellte Fenchelgemüse in die Mitte von vorgewärmten tiefen Tellern setzen. Die Suppe mit einem Stabmixer aufschäumen und außen um das Gemüse verteilen. Die Fenchelsuppe mit Fenchelgrün garniert servieren.

Für die Variante mit Garnelen

1 Die Garnelen schälen, am Rücken entlang einschneiden und den dunklen Darm entfernen. Die Garnelen waschen, trocken tupfen und längs halbieren.

2 In einem Topf Salzwasser aufkochen. Das Wasser vom Herd nehmen, die Garnelen hineingeben und 1 bis 2 Minuten darin ziehen lassen. Auf ein Sieb abgießen und in die Suppe legen.

> Varianten zum Gewichthalten

260 kcal *Geschmacklich runden Garnelen die Suppe sehr gut ab (Zubereitung siehe rechts).*

270 kcal *Pro Person ½ dicke Scheibe Vollkornbrot (ca. 40 g) in Würfel schneiden, ohne Fett in einer Pfanne etwas anrösten und als Croûtons in der Suppe servieren.*

Vietnamesische Pilzsuppe

mit Zitronengras

190 kcal pro Portion
Eiweiß: 29,5 g · Fett: 4 g · Kohlenhydrate: 10 g
Ballaststoffe: 3 g · Zubereitung: 40 Min.

Zutaten für 2 Personen:

Für die Suppe: *1 EL getrocknete Mu-Err-Pilze (3–4 g) · 100 g kleine, feste Champignons · 100 g Shiitake-Pilze · 2 Frühlingszwiebeln · 600 ml Geflügelbrühe · 1 Stängel Zitronengras · 3 kleine Kaffirlimettenblätter (aus dem Asia-Laden) · 1 EL Fischsauce · 3 Scheiben Ingwer · 1 Knoblauchzehe (in Scheiben) · milde Chiliflocken · mildes Currypulver · ½ TL Öl · Salz*

Für die Hähnchenbrust: *200 g Hähnchenbrustfilet (küchenfertig, ohne Haut) · ½ TL Öl*

1 Für die Suppe die Mu-Err-Pilze in warmem Wasser 15 Minuten einweichen. In ein Sieb abgießen, abtropfen lassen und klein schneiden. Die Champignons putzen, trocken abreiben und halbieren. Die Shiitake-Pilze putzen, trocken abreiben und vierteln. Die Frühlingszwiebeln putzen, waschen und in 3 bis 4 mm dicke Scheiben schneiden.

2 Die Brühe in einem Topf erhitzen. Das Zitronengras waschen und längs halbieren. Die Kaffirlimettenblätter mehrfach einreißen. Zitronengras, Limettenblätter, Fischsauce, Ingwer, Knoblauch und 1 Prise Chiliflocken in der Brühe knapp unter dem Siedepunkt etwa 10 Minuten ziehen lassen. Die Suppe mit 1 Prise Currypulver würzen und weitere 3 bis 4 Minuten ziehen lassen. Limettenblätter, Zitronengras und Ingwer wieder entfernen.

3 Das Hähnchenbrustfilet waschen, trocken tupfen und in 2 cm große Würfel schneiden. Eine Pfanne bei mittlerer Temperatur erhitzen und ½ TL Öl mit einem Pinsel darin verteilen. Die Hähnchenbrustwürfel rundum hell anbraten, anschließend auf Küchenpapier abtropfen lassen. Das Fleisch mit den Mu-Err-Pilzen und den Frühlingszwiebeln in der Suppe noch einige Minuten knapp unter dem Siedepunkt ziehen lassen, bis die Hähnchenbrustwürfel saftig durch sind.

4 Inzwischen ½ TL Öl mit einem Pinsel in der Pfanne verteilen. Die Champignons und die Shiitake-Pilze darin bei mittlerer Hitze 2 bis 3 Minuten anbraten. Die Pilze in die Suppe geben und diese mit Salz abschmecken. Die Pilz-Zitronengras-Suppe auf vorgewärmte tiefe Teller oder Schälchen verteilen.

> Varianten zum Gewichthalten

250 kcal *Als kohlenhydrathaltige Einlage können Sie je Portion noch 50 g gegarte Reisnudeln vorsehen, die mit etwa 60 kcal mehr zu Buche schlagen.*

210 kcal *Träufeln Sie vor dem Servieren pro Person noch ½ TL Sesamöl auf die Suppe – so wird die asiatische Note der Suppe noch abgerundet.*

Afghanische Linsensuppe

mit geräuchertem Paprika

270 kcal pro Portion

Eiweiß: 14 g · Fett: 11 g · Kohlenhydrate: 29 g
Ballaststoffe: 5,5 g · Zubereitung: 30 Min.

Zutaten für 2 Personen:

½ Zwiebel · 850 ml Geflügelbrühe · 1–2 TL Tomatenmark · 100 g rote Linsen · 4 EL Sahne · 1 TL Berbere (ersatzweise Baharat; beides Gewürzmischungen) · geräuchertes Paprikapulver (z. B. Piment La Vera picante) · Salz

1 Die Zwiebel schälen und in feine Würfel schneiden. Die Zwiebelwürfel mit 80 ml Brühe bei milder Hitze in einem Topf andünsten, bis fast die ganze Flüssigkeit verkocht ist. Das Tomatenmark unterrühren und kurz anrösten, bis es am Topfboden leicht bräunt.

2 Die Linsen dazugeben und mit der restlichen Brühe auffüllen. Alles knapp unter dem Siedepunkt 20 Minuten ziehen lassen, bis die Linsen weich sind. Nach 10 Minuten Garzeit 2 bis 3 EL Linsen für die Einlage herausnehmen und beiseitestellen.

3 Die Sahne hinzufügen und die Suppe mit dem Stabmixer pürieren. Das Berbere und 1 Prise Paprikapulver unterrühren und einige Minuten ziehen lassen. Die Suppe mit Salz abschmecken.

4 Die Afghanische Linsensuppe nochmals aufmixen und auf vorgewärmte tiefe Teller verteilen. Je 1 Löffel Linsen in die Mitte setzen.

> Variante zum Gewichthalten

375 kcal *Mit einer Einlage aus 100 g Hähnchenbrustfilet pro Person wird die Linsensuppe etwas gehaltvoller und liefert vor allem noch mehr hochwertiges Eiweiß. Die Hähnchenbrust dafür in Würfel schneiden und pochieren* *(siehe Seite 51).*

Selleriesuppe

mit Zimt-Apfel und Walnüssen

285 kcal pro Portion
Eiweiß: 6 g · *Fett:* 20 g · *Kohlenhydrate:* 19 g
Ballaststoffe: 10,5 g · *Zubereitung:* 40 Min.

1 Für die Suppe den Sellerie putzen, schälen und in etwa 1 cm große Würfel schneiden. In einem Topf in der Brühe knapp unter dem Siedepunkt etwa 30 Minuten weich garen. Die Sahne und die kalte Butter hinzufügen und alles mit dem Stabmixer pürieren. Mit 1 Prise Chilisalz würzen.

2 Für den Zimt-Apfel den Apfel waschen, vierteln, entkernen und in Spalten schneiden. Den Puderzucker in einer Pfanne bei mittlerer Hitze hell karamellisieren. Die Apfelspalten auf beiden Seiten darin andünsten, die Butter dazugeben, zerlassen und etwas Zimt frisch darüberreiben.

3 Die Suppe mit einem Stabmixer nochmals aufschäumen und auf vorgewärmte tiefe Teller verteilen. Die Apfelspalten hineinlegen und die Suppe mit den Walnüssen bestreuen.

Zutaten für 2 Personen:

Für die Suppe: ½ Sellerieknolle (ca. 400 g) · 750 ml Geflügelbrühe · 3 EL Sahne · 10 g kalte Butter · mildes Chilisalz

Für den Zimt-Apfel: 1 kleiner rotschaliger Apfel · ½ TL Puderzucker · 1 TL Butter (5 g) · 1 Stück Zimtrinde

Außerdem: 1 EL grob gehackte Walnüsse

> Varianten zum Gewichthalten

335 kcal *Pro Person zusätzlich 1 EL geröstete Brotwürfel liefert nur rund 50 kcal mehr.*

420 kcal *Geben Sie statt des Apfels 80 g Räuchermakrelenfilet in die Suppe. Sie erhöht zwar den Fettgehalt, liefert aber reichlich gesunde Omega-3-Fettsäuren.*

Gulaschsuppe

mit Paprika und Zucchini

265 kcal pro Portion
Eiweiß: 34 g · Fett: 10 g · Kohlenhydrate: 9 g
Ballaststoffe: 3 g · Zubereitung: 3 Std.

Zutaten für 2 Personen:

Für die Suppe: 350 g Rindfleisch (aus der Wade oder Schulter; küchenfertig ca. 300 g) · 200 g Zwiebeln · 1 TL Öl · 1 geh. TL Tomatenmark · 400 ml Geflügelbrühe · je ¼ gelbe und rote Paprikaschote · ¼ Zucchini · Salz · mildes Chilipulver · 1 Lorbeerblatt · schwarzer Pfeffer aus der Mühle

Für das Gulaschgewürz: 1 Knoblauchzehe · 1 Streifen unbehandelte Zitronenschale · ¼ TL Kümmelsamen · ¼ TL getrockneter Majoran · ¼–½ EL Paprikapulver (edelsüß) · 1 EL Gemüsebrühe

Außerdem: 1 EL Petersilie (frisch geschnitten)

1 Für die Suppe das Rindfleisch von Fett und groben Sehnen befreien und in 1 cm große Würfel schneiden. Die Zwiebeln schälen, halbieren und in kleine Würfel schneiden.

2 Das Öl in einem weiten, großen Topf erhitzen. Die Fleischwürfel darin bei mittlerer Hitze rundum gut anbraten und aus dem Topf nehmen. Die Zwiebelwürfel in den Topf geben und darin glasig dünsten. Das Tomatenmark unterrühren und einige Minuten mitdünsten. Das Fleisch wieder hinzufügen und die Brühe dazugießen. Das Fleisch bei milder Hitze zugedeckt knapp unter dem Siedepunkt etwa 2 ½ Stunden weich garen.

3 Inzwischen die Paprikaviertel entkernen, waschen und in ½ bis 1 cm große Würfel schneiden. Die Zucchini putzen, waschen und in kleine Würfel schneiden.

4 Nach etwa 2 Stunden Garzeit die Paprika- und Zucchiniwürfel in die Suppe geben und mit Salz sowie 1 Prise Chilipulver würzen. Das Lorbeerblatt hinzufügen und weitere 30 Minuten garen.

5 Inzwischen das Gulaschgewürz vorbereiten: Den Knoblauch schälen und fein hacken. Zitronenschale und Kümmel ebenfalls fein hacken und mit Majoran und Knoblauch mischen. Das Paprikapulver mit der Brühe oder nach Belieben mit 1 bis 2 EL kaltem Wasser glatt rühren.

6 Das Gulaschgewürz in die Gulaschsuppe rühren und 5 Minuten ziehen lassen. Das Lorbeerblatt wieder entfernen. Die Gulaschsuppe mit Salz und Pfeffer abschmecken, in vorgewärmten tiefen Tellern anrichten und mit Petersilie bestreut servieren.

> Varianten zum Gewichthalten

335 kcal *Für ein Plus an Kohlenhydraten 200 g Kartoffeln schälen, in ½ bis 1 cm große Würfel schneiden und zusammen mit den Paprika- und Zucchiniwürfeln nach 2 Stunden Garzeit in die Suppe geben.*

295 kcal *1 EL Sauerrahm pro Portion rundet die Suppe fein ab, ohne den Kaloriengehalt sehr zu erhöhen.*

> FÜR DEN KLEINEN HUNGER

Kalte Gerichte

Snacks für zwischendurch, genussvolle Häppchen oder knackige Salate aus allerbesten Zutaten – diese leichten, schnell zubereiteten Gerichte für alle Fälle bieten überraschenden Genuss und eignen sich bestens auch zum Mitnehmen ins Büro. Und natürlich stimmt immer die Energiequalität!

15 REZEPTE MIT SCHUHBECKS ENERGIEQUALITÄT ZUM GENUSSVOLLEN ABNEHMEN

Clever kombinieren: Knackige Salate

Bei Salat geht man meistens davon aus, dass er eigentlich so gut wie keine Kalorien hat. Falsch. Die grünen Blätter selbst bestehen zwar wirklich überwiegend aus Wasser und Zellulose. Über die Zutaten aber, vor allem auch über das Dressing, lassen sich Salate sehr unterschiedlich gestalten und zum Beispiel auch von einer leichten Beilage in ein sättigendes Hauptgericht verwandeln.

Wenn es darum geht, überflüssiges Fett zu vermeiden, hilft häufig etwas Brühe, so auch hier. Sie rundet erfolgreich das kalorienarme Joghurtdressing (2 EL fettarmer Joghurt, ½ TL Zitronensaft, 1 EL Brühe, ½ TL Kräuter) ab oder verlängert die klassische Öl-Essig-Salatsauce (3 EL Brühe, 2 TL Essig, 1 TL Öl.)

Die Krönung aber sind die Zutaten, die dem Salat erst seinen Charakter und seine besondere Note verleihen. Am wenigsten Energie enthält natürlich Rohkost – Paprika, Tomaten, Zucchini oder Pilze sind nur eine Auswahl aus vielen Möglichkeiten. Eiweiß – ob als griechischer Fetakäse, Fisch oder Fleisch – macht nachhaltiger satt.

Wer es besonders gesund haben möchte, der sollte eine exotische Salatvariante ausprobieren – mit Papaya. Diese Frucht ist immunstärkend, entzündungslindernd und krebsvorbeugend – und sie schmeckt hervorragend.

> Kombinationen mit Blattsalat

Blattsalat	+	klares Dressing, gebratenes Fischfilet und Rohkost	= 253 kcal
Blattsalat	+	klares Dressing, Feta und Rohkost	= 246 kcal
Blattsalat	+	Joghurtdressing, gebratene Hähnchenbrust, Früchte	= 242 kcal

18 kcal
Joghurtdressing

55 kcal
Klares Dressing

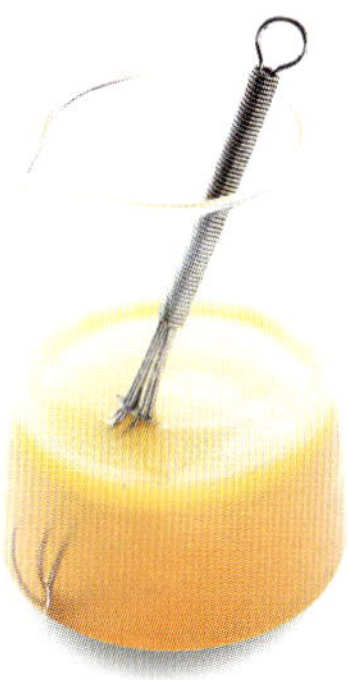

je 149 kcal im Durchschnitt
100 g gebratenes Fischfilet (weiß), Hähnchenbrustfilet oder mageres Kalbsrückensteak

15 kcal
100 g Blattsalat mit Kräuterblättern

142 kcal
50 g Feta

34 kcal
430 g Rohkost (1 Tomate, ¼ Gurke und 1 Handvoll Champignons)

60 kcal
100 g gemischte Früchte (Mango, Papaya, Ananas)

Marokkanischer Karotten-Sellerie-Salat

mit Gelbschwanzmakrele, Couscous und Minze

385 kcal pro Portion
Eiweiß: 28,5 g · *Fett:* 22 g · *Kohlenhydrate:* 18 g
Ballaststoffe: 5,5 g · *Zubereitung:* 40 Min.

Zutaten für 2 Personen:

Für den Salat: *1 EL Couscous · ¼ l heiße Geflügelbrühe · ca. ½ TL Ras-el-Hanout · 300 g kleine Karotten · 2 Stangen Staudensellerie · Saft von ½ kleinen Zitrone · abgeriebene Schale von ¼ unbehandelten Zitrone · 1 TL Olivenöl · 1 TL Arganöl · mildes Chilisalz · Zucker · je 1 TL Dill und Minze (frisch geschnitten) · 1 Mini-Romanasalatherz*

Für den Fisch: *250 g Gelbschwanzmakrelenfilets (enthäutet und entgrätet) · mildes Chilisalz*

1 Für den Salat den Couscous in eine vorgewärmte kleine Schüssel geben. 2 EL heiße Brühe mit 1 Msp. Ras-el-Hanout verrühren und unter den Couscous mischen. Mit Frischhaltefolie bedecken und mindestens 7 Minuten quellen lassen, den Couscous anschließend mit einer Gabel auflockern.

2 Die Karotten putzen, schälen und schräg in 3 bis 4 mm dicke Scheiben schneiden. Den Sellerie waschen, putzen und schräg in 3 bis 4 mm dicke Scheiben schneiden. Die Karotten mit der übrigen Brühe in einen Topf geben und zugedeckt und am Siedepunkt 12 bis 15 Minuten dünsten, nach 5 Minuten die Selleriescheiben dazugeben.

3 Den Dünstfond in ein Sieb abgießen und auffangen. ¼ TL Ras-el-Hanout, Zitronensaft, Zitronenschale und beide Ölsorten unter die Brühe rühren und mit Chilisalz und 1 kleinen Prise Zucker würzen. Die Karotten und den Sellerie mit dem Dill und der Minze zur Marinade geben, darin wenden und mindestens 10 Minuten ziehen lassen. Anschließend nochmals abschmecken.

4 Für den Fisch den Backofen auf 80 °C vorheizen. Die Makrelenfilets schräg in 5 bis 7 mm dicke Scheiben schneiden, nebeneinander auf ein mit Backpapier belegtes Backblech legen, mit Frischhaltefolie bedecken und im vorgeheizten Ofen etwa 8 Minuten erwärmen. Die Fischfilets mit Chilisalz würzen.

5 Inzwischen den Romanasalat waschen, abtropfen lassen und die Blätter etwas zerkleinern. Einige Esslöffel Karottenmarinade abnehmen und die Romanablätter darin wenden, mit 1 kleinen Prise Chilisalz würzen. Den Couscous mit 2 EL Karottenmarinade vermischen.

6 Romanablätter und Karotten-Sellerie-Salat auf flachen Tellern anrichten, den Couscous daraufgeben und die Makrelenstücke daneben anrichten.

> Variante zum Gewichthalten

430 kcal *Richten Sie die Makrelenfilets wie im Rezept beschrieben an und beträufeln oder bepinseln Sie jede Portion mit 1 TL Olivenöl. Das verleiht dem Fisch zusätzlich noch eine leicht mediterrane Note und liefert bei nur rund 45 kcal mehr eine Portion an gesunden Fettsäuren extra.*

Lauwarmer Lachs

auf Gurken-Ingwer-Salat mit Dill

355 kcal pro Portion
Eiweiß: 27 g · Fett: 24 g · Kohlenhydrate: 6 g
Ballaststoffe: 1,5 g · Zubereitung: 25 Min.

Zutaten für 2 Personen:

Für den Lachs: 2 Lachsfilets (à 120 g, enthäutet und entgrätet) · 1 TL mildes Olivenöl · mildes Chilisalz

Für den Salat: 200 g kleine Gärtnergurken (Zimmertemperatur) · 1 EL eingelegter, abgetropfter Ingwer · 1 EL Ingwer-Einlegesaft · 1–2 TL Weißweinessig · 1 EL Olivenöl · 1 TL Dill (frisch geschnitten) · mildes Chilisalz · Salz · bunter Pfeffer aus der Mühle · Zucker

Für den Joghurt: 100 g Joghurt (1,5 % Fett) · je ½ TL abgeriebene unbehandelte Orangen- und Limettenschale · ½ TL Limettensaft · Salz · mildes Chilipulver · Zucker

1 Für den Lachs den Backofen auf 80 °C vorheizen. Je 1 Lachsfilet auf einen Teller legen, der anschließend auch zum Servieren verwendet wird. Mit Frischhaltefolie bedecken und den Lachs etwa 25 Minuten im vorgeheizten Backofen saftig durchziehen lassen.

2 Für den Salat die Gurken waschen und dünn hobeln. Den Ingwer in kleine Streifen schneiden, mit dem Einlegesaft, dem Essig und dem Öl verrühren und mit den Gurkenscheiben vermischen. Den Dill unterrühren, mit Chilisalz, Salz, Pfeffer und 1 Prise Zucker würzen. Den Salat 10 Minuten ziehen lassen und, falls nötig, noch etwas nachwürzen.

3 Den Joghurt mit Orangen- und Limettenschale und Limettensaft verrühren. Mit Salz, Chilipulver und 1 Prise Zucker würzen.

4 Zum Servieren die Folie vom Lachs entfernen, das Olivenöl mit einem Pinsel auf die Lachsfilets tupfen und mit Chilisalz würzen.

5 Den Gurkensalat neben den Lachsfilets auf den Tellern anrichten und den Orangen-Limetten-Joghurt darum herumträufeln.

> Varianten zum Gewichthalten

455 kcal *Wenn Sie statt Joghurt 2 EL Gewürzöl (siehe Seite 45) verwenden, erhöht sich der Anteil an Fett und Kilokalorien für dieses Gericht.*

500 kcal *Mit 200 g Pell- oder Salzkartoffeln pro Person erhalten Sie ein Hauptgericht.*

Bismarckhering

auf Bohnen-Apfel-Salat mit Curryjoghurt

Zutaten für 2 Personen:

Für den Salat: 200 g feine grüne Bohnen · Salz · 1 großer rotschaliger Apfel (200 g) · ¼ rote Zwiebel · 100 ml Geflügelbrühe · 2 EL Apfelessig · schwarzer Pfeffer aus der Mühle · Zucker · 2 EL mildes Rapsöl (ersatzweise Sojaöl) · 200 g Bismarck-Heringsfilets (4 Doppelfilets)

Für den Joghurt: 1 EL heiße Gemüsebrühe · 1 gestr. TL mildes Currypulver · 100 g griechischer Joghurt · 1 TL mildes Salatöl · 1 Msp. unbehandelte abgeriebene Limettenschale · mildes Chilisalz

> Variante zum Gewichthalten

635 kcal *Zum deftigen Hering passen je Portion sehr gut 2 gekochte Kartoffeln oder 1 Scheibe Vollkornbrot (40 g; 80 kcal zusätzlich pro Portion).*

490 kcal pro Portion

Eiweiß: 17,5 g · *Fett:* 35 g · *Kohlenhydrate:* 25 g
Ballaststoffe: 4,5 g · *Zubereitung:* 20 Min.

1 Für den Salat die Bohnen putzen und in etwa 3 cm lange Stücke schneiden. In stark gesalzenem Wasser fast weich kochen, in kaltem Wasser abschrecken und auf einem Sieb abtropfen lassen.

2 Den Apfel waschen, vierteln, entkernen und die Viertel in Scheiben schneiden. Die Zwiebel schälen und in Streifen schneiden.

3 Die Brühe und den Apfelessig mit Salz, Pfeffer, 1 Prise Zucker und dem Öl verrühren. Bohnen und Zwiebeln damit vermischen und einige Minuten ziehen lassen. Die Apfelstücke vorsichtig unterheben und, falls nötig, nochmals abschmecken.

4 Für den Joghurt die heiße Brühe mit dem Currypulver verrühren und einige Minuten ziehen lassen, dabei entwickelt sich Farbe und Geschmack. Den Joghurt mit Öl, Currybrühe und Limettenschale glatt rühren. Mit Chilisalz abschmecken.

5 Die Heringsfilets gut abtropfen lassen und trocken tupfen. Den Bohnen-Apfel-Salat auf Teller verteilen, die Heringsfilets darauf anrichten und den Curryjoghurt darum herum verteilen.

Weißer Spargel

mit Schalottenmarinade und Thunfisch

355 kcal pro Portion
Eiweiß: 25,5 g · *Fett:* 26 g · *Kohlenhydrate:* 4 g
Ballaststoffe: 2,5 g · *Zubereitung:* 20 Min.

1 Die Spargelstangen schälen und die holzigen Enden abschneiden. In einem großen breiten Topf 2 l Wasser zum Kochen bringen und Salz sowie Zucker hinzufügen. Die Spargelstangen darin je nach Dicke 8 bis 10 Minuten garen.

2 Den Spargel herausnehmen, kalt abschrecken und abtropfen lassen. Bis zur Verwendung zugedeckt bei Zimmertemperatur beiseitestellen.

3 Die Schalotten schälen und in kleine Würfel schneiden. In Salzwasser 3 Minuten weich kochen, in ein Sieb abgießen und mit kaltem Wasser abbrausen.

4 Die Brühe in einer kleinen Schüssel mit dem Senf, dem Essig und dem Öl mit dem Schneebesen verrühren. Die Marinade mit Salz, Pfeffer und 1 Prise Zucker herzhaft abschmecken und zum Schluss die Schalotten unterrühren.

5 Die Thunfischscheiben auf beiden Seiten salzen und pfeffern, mit Zitronensaft und Olivenöl beträufeln.

6 Je 3 Spargelstangen auf einen großen Teller legen, mit der Schalottenmarinade beträufeln und mit den Schnittlauchröllchen bestreuen. Die Thunfischscheiben daneben- oder darauflegen und nach Belieben mit Salatblättern garnieren.

Zutaten für 2 Personen:

Für den Spargel: 6 Stangen weißer Spargel · Salz · Zucker · 2 Schalotten (ersatzweise ½ weiße Zwiebel) · 40 ml Geflügelbrühe · ½ TL scharfer Senf · 1–2 TL Weißweinessig · 1 EL mildes Salatöl · schwarzer Pfeffer aus der Mühle · 1 TL Schnittlauchröllchen

Für den Thunfisch: 200 g roher Thunfisch (in dünnen Scheiben) · Salz · schwarzer Pfeffer aus der Mühle · einige Tropfen Zitronensaft · 1–2 TL mildes Olivenöl · Salatblätter zum Garnieren

> Varianten zum Gewichthalten

390 kcal *Wer nicht gern rohen Fisch isst, kann den Thunfisch ebenso gut durch gebeizten oder geräucherten Lachs ersetzen.*

505 kcal *Dazu passen pro Portion 150 g in 1 TL Öl gebratene Minikartoffeln oder Pellkartoffeln (460 kcal).*

Thailändischer Rindfleischsalat

mit Spargel und frischen Kräutern

Zutaten für 2 Personen:

Für die Marinade: 1 kleine Schalotte · 1–2 EL Geflügelbrühe · 1 EL Limettensaft · 1 Msp. abgeriebene unbehandelte Limettenschale · 1 EL Fischsauce · Zucker · milde Chiliflocken · 1 Msp. frisch geriebener Ingwer · 1 EL Olivenöl

Für den Salat: 2 Rinderrückensteaks (ca. 300 g, je 1 ½–2 cm dick) · ½ TL Öl · 200 g grüner Spargel · Salz · 2 Radieschen

Außerdem: je 1 kleine Handvoll frische Koriander-, Minze-, Staudenselleriebätter und frisches Thai-Basilikum

> Variante zum Gewichthalten

440 kcal *Bestreuen Sie den Salat mit 100 g gekochter, in Würfel geschnittener und marinierter Rote Bete. Dafür die Zutatenmenge für die Salatmarinade verdoppeln.*

345 kcal pro Portion

Eiweiß: 40 g · Fett: 16 g · Kohlenhydrate: 9 g
Ballaststoffe: 5 g · Zubereitung: 20 Min.

1 Für die Marinade die Schalotte schälen und in feine Ringe schneiden. Brühe mit Limettensaft, Limettenschale, Fischsauce, je 1 Prise Zucker und Chiliflocken, Ingwer und Öl verrühren und die Schalotte dazugeben.

2 Für den Salat eine Pfanne erhitzen und das Öl mit einem Pinsel darin verteilen. Die Steaks bei mittlerer Hitze auf jeder Seite etwa 2 Minuten anbraten, bis jeweils an der Oberfläche Fleischsaftperlen austreten. Aus der Pfanne nehmen, auf Küchenpapier legen und das Fett abtupfen. Mit Chilisalz würzen.

3 Den Spargel waschen, im unteren Drittel schälen und die holzigen Enden abschneiden. Den Spargel zuerst längs und dann quer halbieren. In kochendem Salzwasser 2 bis 3 Minuten blanchieren. Herausnehmen, kalt abschrecken und abtropfen lassen. Die Radieschen putzen, waschen und in Scheiben schneiden.

4 Den Spargel mit 2 EL Marinade vermischen und auf Tellern anrichten. Die Koriander-, Minze- und Sellerieblätter und das Thai-Basilikum waschen, trocken schütteln und mischen. Neben dem Spargel auf die Teller verteilen und mit etwas Marinade beträufeln.

5 Die Steaks in Scheiben schneiden, locker auf die Salatblätter verteilen, den Bratenfond aus der Pfanne darüberträufeln. Mit der restlichen Marinade beträufeln und mit Radieschen garnieren.

Rindertatar

mit kleinen Kartoffeln und Schnittlauchsauce

355 kcal pro Portion
Eiweiß: 30 g · Fett: 19 g · Kohlenhydrate: 16 g
Ballaststoffe: 2 g · Zubereitung: 25 Min.

1 Das Rindfleisch in Würfel schneiden, mit Salz und 1 Prise Zucker würzen und durch den Fleischwolf drehen. Die Schalotte schälen und in feine Würfel schneiden. Schalottenwürfel in einem Topf in kochendem Salzwasser 2 Minuten blanchieren. In ein Sieb abgießen, kalt abschrecken und abtropfen lassen.

2 Das Sardellenfilet trocken tupfen und mit der Essiggurke und den Kapern fein hacken. Alles mit dem Rinderhackfleisch, den Schalottenwürfeln, dem Olivenöl, Ketchup, Senf, 1 Prise Chiliflocken, Kurkuma und Paprikapulver mischen. Mit Salz und Pfeffer kräftig würzen.

3 Die Cocktailtomaten waschen und ebenso wie die Kapernäpfel halbieren. Die Kartoffeln waschen, in Salzwasser mit 1 Prise Kümmel weich kochen, abgießen und schälen.

4 Den Sauerrahm mit dem Senf verrühren. Mit einigen Tropfen Zitronensaft, 1 Prise Zucker und etwas Chilisalz abschmecken. Den Schnittlauch hinzufügen.

5 Zum Servieren einen Metallring (etwa 10 cm Durchmesser) auf einen Teller setzen. Das Tatar nochmals würzen, die Hälfte der Hackfleischmasse in den Ring füllen, glatt streichen und den Ring abziehen. Das restliche Tatar auf die gleiche Weise auf einen Teller setzen.

6 Die Cocktailtomaten und die Kapernäpfel auf dem Tatar anrichten, die kleinen Kartoffeln darum herum verteilen und die Schnittlauchsauce darum herumträufeln.

Zutaten für 2 Personen:

Für das Tatar: 250 g mageres Rindfleisch (aus der Oberschale) · Salz · Zucker · ½ Schalotte · 1 eingelegtes Sardellenfilet · ½ kleine Essiggurke · ½–1 TL Kapern · 1 EL mildes Olivenöl · 1 TL Tomatenketchup · 1 TL scharfer Senf · milde Chiliflocken · 1 Msp. gemahlene Kurkuma · 1 Msp. Paprikapulver (edelsüß) · schwarzer Pfeffer aus der Mühle

Außerdem: 2 Cocktailtomaten · 2 Kapernäpfel · 6 Minikartoffeln (z. B. Sieglinde oder Nicola, ca. 150 g) · Salz · ganzer Kümmel · 60 g Sauerrahm · ½ TL scharfer Senf · Zitronensaft · Zucker · mildes Chilisalz · 1 EL Schnittlauchröllchen

> Variante zum Gewichthalten

420 kcal *Zum Rindertatar passt pro Portion auch sehr gut 1 dünne Scheibe Vollkornbrot (ca. 30 g), die etwas mehr Kalorien als die Kartoffeln liefert, aber auch einen höheren Anteil an Ballaststoffen hat.*

Vietnamesische Kräuterröllchen

mit Chili-Knoblauch-Sauce

170 kcal pro Portion
Eiweiß: 6,5 g · Fett: 1 g · Kohlenhydrate: 33 g
Ballaststoffe: 6 g · Zubereitung: 20 Min.

Zutaten für 2 Personen:

Für die Sauce: 1 Knoblauchzehe · ½ frische, mittelscharfe rote Chilischote · 2 EL Fischsauce · 10 g Zucker · 2 EL Limettensaft · Salz

Für die Röllchen: 6 Kopfsalatblätter · ½ Salatgurke · 2 Karotten · je 1 Handvoll Basilikumblätter, Thai-Basilikumblätter, Korianderblätter, Petersilienblätter, Minzeblätter (ersatzweise andere Kräuter) · 50 g Sojasprossen · 12 Reispapierblätter (ca. 16 cm Ø)

1 Für die Sauce den Knoblauch schälen und in kleine Würfel schneiden. Die Chilischote längs halbieren, entkernen, waschen und in kleine Würfel schneiden. 6 EL Wasser mit Knoblauch und Chiliwürfeln, Fischsauce und Zucker erwärmen, aber nicht kochen. Abkühlen lassen und den Limettensaft unterrühren.

2 Für die Röllchen die Kopfsalatblätter gründlich waschen und trocken schleudern, grobe Blattrippen entfernen. Die Gurke waschen, längs halbieren und die Kerne mit einem Löffel entfernen. Die Gurkenhälften quer halbieren und längs in dünne Streifen hobeln. Die Karotten putzen, schälen und längs in dünne Streifen hobeln. Die Kräuterblätter und die Sojasprossen waschen und trocken tupfen.

3 Die Reispapierblätter einzeln etwa 30 Sekunden in warmes Wasser tauchen. Die Teigblätter auf ein Brett legen, je 1 Salatblatt auf das untere Drittel legen. Gurken- und Karottenstreifen sowie Kräuterblätter und Sojasprossen darauf verteilen. Die seitlichen Enden einklappen und die Teigblätter vom unteren Ende her aufrollen. Mit der Naht nach unten auf eine Platte legen.

4 Die Sauce in 2 kleine Schälchen verteilen und zu den Kräuterröllchen servieren. Die Reispapierröllchen werden in die Sauce getunkt.

> Varianten zum Gewichthalten

250 kcal *Pro Portion 100 g gebratene Garnelen sind eine schöne Ergänzung zu den Kräuterröllchen und liefern nur 80 kcal mehr.*

335 kcal *Zusätzlich können Sie gebratenes Rinderfiletsteak zu den Röllchen servieren. Für 2 Personen sollten Sie insgesamt etwa 250 g Fleisch veranschlagen.*

Gemischter Blattsalat

mit Eiern und Champignons

340 kcal pro Portion
Eiweiß: 18.5 g · *Fett:* 24 g · *Kohlenhydrate:* 12 g
Ballaststoffe: 6 g · *Zubereitung:* 30 Min.

Zutaten für 2 Personen:

Für den Salat: 3 Eier · 300 g gemischte Salatblätter · 1 große Karotte · 80 g kleine feste Champignons · 8 Stangen grüner Spargel · 160 ml Geflügelbrühe

Für die Marinade: 1 EL Weißweinessig · ½ TL scharfer Senf · 1 EL mildes Salatöl · mildes Chilisalz · Zucker

Für den Kräuterdip: 80 g Sauerrahm · 1 EL Gemüsebrühe · ½ TL mittelscharfer Senf · 1 EL gemischte Gartenkräuter (z. B. Basilikum, Dill, Kerbel, Kresse, Minze und Estragon; fein geschnitten) · einige Tropfen Zitronensaft · 1 Msp. abgeriebene unbehandelte Zitronenschale · mildes Chilisalz · schwarzer Pfeffer aus der Mühle · Zucker

Außerdem: 1 EL Dillspitzen zum Garnieren

1 Für den Salat die Eier etwa 10 Minuten hart kochen, kalt abschrecken, schälen und vierteln. Die Salatblätter putzen, waschen und trocken schleudern. Die Karotte putzen, schälen und in Scheiben hobeln. Die Champignons putzen und in Scheiben hobeln. Den grünen Spargel waschen, im unteren Drittel schälen und holzige Enden abschneiden. Den Spargel schräg in 4 bis 5 mm dicke Scheiben schneiden.

2 Den Spargel mit der Geflügelbrühe in einen Topf geben und zugedeckt 5 bis 8 Minuten weich dünsten. In ein Sieb abgießen und die Brühe auffangen.

3 Für die Marinade die Spargelbrühe mit Essig, Senf und Öl in einen hohen Rührbecher geben. Mit Chilisalz und 1 Prise Zucker würzen und mit dem Stabmixer zu einer sämigen Marinade verrühren.

4 Für den Kräuterdip den Sauerrahm mit der Gemüsebrühe und dem Senf verrühren. Die Kräuter hinzufügen und mit Zitronensaft, Zitronenschale, Chilisalz, Pfeffer und 1 Prise Zucker abschmecken.

5 Salatblätter und Karottenscheiben, Champignons und Spargel mit der Marinade vermischen, eventuell nochmals abschmecken und auf Teller verteilen. Den Kräuterdip darum herum verteilen und die Eierviertel darauflegen. Mit Dill garnieren.

> Varianten zum Gewichthalten

425 kcal *Abwechslungsreicher wird der Salat, wenn je Person 50 g gebeizter Lachs in Scheiben dazukommen.*

440 kcal *Servieren Sie pro Portion 40 g in wenig Fett (es reicht ½ TL) geröstete Brotwürfel dazu.*

Gegrillte Hähnchenbrust

auf marinierten Wintersalaten mit Walnüssen

375 kcal pro Portion
Eiweiß: 36,5 g · Fett: 20 g · Kohlenhydrate: 11 g
Ballaststoffe: 4 g · Zubereitung: 30 Min.

Zutaten für 2 Personen:

Für die Hähnchenbrust: ½ TL Öl · 2 Hähnchenbrustfilets (ohne Haut, à ca. 120 g) · mildes Chilisalz

Für das Dressing: 1 sehr frisches Eigelb · ½ TL Dijonsenf · ¼ fein geriebene Knoblauchzehe · 1 Msp. geriebener Ingwer · 1 EL Weißweinessig · 2 EL mildes Salatöl · 50 ml Geflügelbrühe · 50 g Joghurt (1,5 % Fett) · mildes Chilisalz · Zucker

Für den Salat: 150 g grüner Spargel · 50 ml Geflügelbrühe · ½ Apfel · 200 g Wintersalate (z. B. Radicchio, Chicorée, Feldsalat, Endivie, Frisée) · 1 EL Walnusskerne

1 Für die Hähnchenbrust den Backofen auf 100 °C vorheizen und ein Ofengitter mit Abtropfblech auf die mittlere Schiene schieben. Die Hähnchenbrustfilets waschen und trocken tupfen.

2 Eine Pfanne bei mittlerer Temperatur erhitzen und das Öl mit einem Pinsel darin verteilen. Die Hähnchenbrustfilets darin auf beiden Seiten hell anbraten. Auf das Gitter in den Ofen legen und etwa 25 Minuten saftig durchziehen lassen. Anschließend mit Chilisalz würzen.

3 Für das Dressing Eigelb, Senf, Knoblauch, Ingwer, Essig, Öl, Brühe und Joghurt in einen hohen Rührbecher geben. Mit Chilisalz und 1 Prise Zucker würzen und mit dem Stabmixer zu einem cremigen Dressing verrühren. Bis zur weiteren Verwendung gekühlt aufbewahren.

4 Für den Salat den Spargel waschen, im unteren Drittel schälen und holzige Enden abschneiden. Die Spargelstangen längs halbieren, schräg in 3 bis 4 cm lange Stücke schneiden und zugedeckt in der Brühe etwa 3 Minuten gerade weich dünsten. Den Apfel waschen, vierteln, entkernen, in schmale Spalten schneiden und diese halbieren.

5 Die Wintersalate putzen, waschen, trocken schleudern und, falls nötig, in kleine Stücke zupfen, Endivie in kurze Streifen schneiden.

6 Salatblätter mit Spargel und den Apfelstücken im Dressing wenden und auf Tellern anrichten. Die Hähnchenbrustfilets in Scheiben schneiden, auf dem Salat anrichten und mit Walnüssen bestreuen.

> Varianten zum Gewichthalten

435 kcal *Zu den Salaten passen pro Person sehr gut noch 15 g Parmesanspäne, die Sie locker darüberhobeln.*

425 kcal *Zusätzlichen Pfiff bekommt der Salat, wenn Sie ihn pro Portion mit 2 EL Croûtons bestreuen oder 1 Scheibe Vollkornbrot (40 g; 80 kcal mehr) dazureichen.*

Lauwarmer Feta
auf gebratenen Tomaten

345 kcal* *Eiweiß: 17,5 g · Fett: 20 g*
Kohlenhydrate: 23 g · Ballaststoffe: 7 g

Zutaten für 2 Personen:

150 g Fetakäse · 500 g Tomaten · 2 TL mildes Olivenöl · Chilisalz · 1 dicke Scheibe Vollkornbrot (1 cm dick, ca. 80 g) · Pfeffer aus der Pfeffermühle (siehe Seite 47) · 8 Basilikumblätter

1 Backofen auf 100 °C vorheizen. Feta in Dreiecke schneiden, auf ein mit Backpapier belegtes Backblech legen und auf der mittleren Schiene im Ofen 10 Minuten erwärmen.

2 Tomaten waschen, in ½ cm dicke Scheiben schneiden, dabei den Stielansatz entfernen. In einer Pfanne 1 TL Öl mit einem Pinsel verteilen. Tomaten darin auf beiden Seiten erwärmen und mit Chilisalz würzen.

3 Brot in 1 cm große Würfel schneiden und in einer Pfanne ohne Fett anrösten. Tomaten auf Teller verteilen, Feta darauflegen, mit Pfeffer bestreuen und mit Öl beträufeln. Mit Brotwürfeln und Basilikum bestreuen.

> Variante zum Gewichthalten

360 kcal *Streuen Sie je Portion noch 10 g klein geschnittene schwarze Oliven auf den Feta.*

* Alle Nährwertangaben beziehen sich auf eine Portion

Vitello tonnato
mit Thunfisch-Joghurt-Sauce

305 kcal *Eiweiß: 34,5 g · Fett: 18 g*
Kohlenhydrate: 2,5 g · Ballaststoffe: 0 g

Zutaten für 2 Personen:

250 g Kalbsrücken · 1 EL Öl · 50 g griechischer Joghurt · 2 EL Geflügelbrühe · 50 g Thunfisch in Lake (gut abgetropft) · 1 Msp. scharfer Senf · Zitronensaft · 1 TL Kapern (in Lake eingelegt, abgetropft) · 2 eingelegte Sardellenfilets · Salz · schwarzer Pfeffer aus der Mühle · mildes Chilipulver · Zucker

1 Den Backofen auf 100 °C vorheizen, auf die mittlere Schiene ein Ofengitter mit einem Abtropfblech schieben. Den Kalbsrücken in einer heißen Pfanne im Öl rundherum anbraten und auf dem Ofengitter 50 bis 60 Minuten rosa garen. Herausnehmen, lauwarm abkühlen lassen und in dünne Scheiben schneiden.

2 Joghurt, Brühe, Thunfisch, Senf, Zitronensaft, Kapern und Sardellen in einen Rührbecher geben. Mit Salz, Pfeffer, je 1 Prise Chili und Zucker würzen und alles zu einer sämigen Sauce pürieren. Die Thunfischsauce auf Teller verstreichen. Die Kalbsrückenscheiben darauflegen.

> Variante zum Gewichthalten

355 kcal *Garnieren Sie jede Portion mit 3 Kapernäpfeln und Salat. Reichen Sie 60 g Petersilienkartoffeln dazu.*

Artischocken
mit Kräutervinaigrette

255 kcal *Eiweiß: 4,5 g · Fett: 24 g*
Kohlenhydrate: 6 g · Ballaststoffe: 19 g

Zutaten für 2 Personen:
2 große Artischocken · Salz · 3 Zitronenscheiben · 2 EL Weißweinessig · 1 EL Gemüsebrühe · ½ TL Dijonsenf · schwarzer Pfeffer aus der Mühle · 1 Prise Zucker · 3 EL mildes Salatöl · 1 Schalotte (fein gewürfelt) · 1 TL gemischte Kräuter (frisch geschnitten; z. B. Petersilie, Basilikum, Kerbel, Schnittlauch)

1 Von den Artischocken den Stiel abschneiden und dabei den Boden etwas abflachen. In leicht gesalzenem Wasser mit den Zitronenscheiben etwa 45 Minuten gar kochen. Die Artischocken sind gar, wenn sich die Blätter leicht lösen. Kopfüber abtropfen lassen.

2 Essig mit Brühe und Senf verrühren, mit Salz, Pfeffer und Zucker würzen. Öl langsam unterrühren. Schalotte und Kräuter in die Vinaigrette rühren. Artischockenblätter abzupfen, das fleischige Ende in die Vinaigrette tauchen und mit den Zähnen abziehen.

> Variante zum Gewichthalten

315 kcal *70 g Rahmjoghurt mit 1–2 EL Milch, Limettensaft und -schale, ½ TL Arganöl und Chilisalz verrühren.*

Ofenkartoffel
mit Kräuterquark

330 kcal *Eiweiß: 21,5 g · Fett: 3 g*
Kohlenhydrate: 52 g · Ballaststoffe: 4 g

Zutaten für 2 Personen:
4 Kartoffeln (à ca. 150 g) · 1 TL ganzer Kümmel · Salz · 250 g Magerquark · 1 TL Olivenöl · einige Ingwertropfen (ersatzweise 1 Prise Ingwerpulver) · mildes Chilisalz · 50 ml Gemüsebrühe · 1 TL Kräuter der Provence · 1 EL Kräuter (frisch geschnitten; z. B. Petersilie, Schnittlauch, Kerbel, Basilikum, Dill)

1 Backofen auf 200 °C vorheizen. Kartoffeln waschen, jede Kartoffel mit etwas Kümmel und Salz in Alufolie wickeln und im Ofen 1 bis 1 ¼ Stunden weich garen.

2 Quark mit Öl und Ingwertropfen verrühren und mit Chilisalz würzen. Brühe erwärmen, Kräuter der Provence dazugeben und kurz quellen lassen. Mit dem Stabmixer unter den Quark rühren. Frische Kräuter untermischen.

3 Kartoffeln auf Tellern anrichten, längs einschneiden und den Kräuterquark hineinfüllen.

> Variante zum Gewichthalten

460 kcal *Servieren Sie je Person 1 Matjesfilet oder 50 g geräucherten Lachs zu den Kartoffeln.*

Caesar-Salat

mit Tomaten, Oliven und Joghurtbällchen

390 kcal pro Portion

Eiweiß: 14 g · *Fett:* 33 g · *Kohlenhydrate:* 10 g
Ballaststoffe: 4,5 g · *Zubereitung:* 30 Min.

Zutaten für 2 Personen:

Für die Joghurtbällchen: 150 g griechischer Joghurt · Salz · ¼ TL mildes Currypulver

Für das Dressing: 1 TL mildes Salatöl · 1 frisches Eigelb · ¼ TL Dijonsenf · 50 g Sauerrahm · 50 ml Geflügelbrühe · 1 eingelegtes Sardellenfilet · 1 kleine Knoblauchzehe · 1 TL Zitronensaft · Worcestershiresauce · ½ TL fein geriebener Ingwer · Salz · schwarzer Pfeffer aus der Mühle · mildes Chilipulver · Zucker

Für den Salat: 150 g Romanasalat · 2 Tomaten · ½ reife Avocado · 1–2 EL entsteinte schwarze Oliven · 30 g Parmesanspäne

1 Am Vortag für die Joghurtbällchen den Joghurt mit je 1 Prise Salz und dem Currypulver verrühren. In ein sauberes Küchentuch geben, die Enden darüber zusammenbinden, in ein Sieb legen und dieses auf eine Schüssel setzen, damit die Flüssigkeit austreten kann. Einen schweren Gegenstand auf das mit Joghurt gefüllte Tuch setzen, beispielsweise eine mit Wasser gefüllte Schüssel, und den Joghurt etwa 24 Stunden abtropfen lassen. Dann mit nassen Händen 6 kleine Bällchen aus der Joghurtmasse formen.

2 Für das Dressing Öl, Eigelb, Senf, Sauerrahm und Brühe in einen hohen Rührbecher geben. Das Sardellenfilet abtropfen lassen. Den Knoblauch schälen und in Scheiben schneiden. Zitronensaft, 1 Spritzer Worcestershiresauce, Sardellenfilet, Knoblauch und Ingwer in den Rührbecher geben und alles mit dem Stabmixer pürieren. Mit Salz, Pfeffer, je 1 Prise Chili und Zucker abschmecken.

3 Für den Salat den Romanasalat putzen, waschen und klein zupfen oder schneiden. Die Tomaten waschen und in Stücke oder Spalten schneiden, dabei den Stielansatz entfernen. Die Avocado schälen, in schmale Spalten schneiden und diese halbieren.

4 Romanasalat, Tomaten und Avocado mit dem Dressing vermischen, auf Tellern anrichten und mit den Oliven und dem Parmesan bestreuen. Die Joghurtbällchen neben oder auf dem Salat anrichten.

> Variante zum Gewichthalten

535 kcal *Falls Ihnen eine Variante mit Fleisch mehr liegt, servieren Sie pro Person noch 1 gebratene Hähnchenbrust (ca. 100 g) dazu. Zum Braten reicht 1 TL Öl.*

Tomaten-Oliven-Tatar

mit Bulgur und gegrilltem Halloumi

490 kcal pro Portion
Eiweiß: 30 g · *Fett:* 28 g · *Kohlenhydrate:* 15 g
Ballaststoffe: 4 g · *Zubereitung:* 25 Min.

1 Für das Tatar den Bulgur in Salzwasser mit 1 Prise Kurkuma 10 bis 15 Minuten weich kochen, auf ein Sieb abgießen und abtropfen lassen.

2 Den Stielansatz der Tomaten herausschneiden, die Tomaten über Kreuz einritzen, 20 Sekunden in kochendes Wasser tauchen, kalt abschrecken, enthäuten, vierteln, entkernen und in kleine Würfel schneiden. Die Oliven klein schneiden. Die Schalotte schälen und in kleine Würfel schneiden.

3 Tomaten, Bulgur, Oliven und Schalottenwürfel mit Knoblauch, Essig und Olivenöl mischen und die Kräuter unterrühren. Mit Salz und Pfeffer abschmecken, einige Minuten ziehen lassen und, falls nötig, nachwürzen.

4 Für den Dip den Sauerrahm mit Senf, Olivenöl und Basilikum in einen hohen Rührbecher geben. Mit einigen Tropfen Zitronensaft, Chilisalz und 1 Prise Zucker würzen und mit dem Stabmixer pürieren.

5 Den Halloumi in 6 bis 7 mm dicke Scheiben schneiden. Eine Pfanne oder Grillpfanne erhitzen und das Öl mit einem Pinsel darin verteilen. Die Käsescheiben in der Pfanne auf beiden Seiten je etwa 2 Minuten grillen, anschließend mit wenig Brotzeitgewürz bestreuen.

6 Einen Metallring (ca. 8 cm Durchmesser) auf einen flachen Teller setzen, die Hälfte des Tatars darin verteilen und glatt streichen. Die andere Hälfte auf dem zweiten Teller anrichten. Die Halloumischeiben auf dem Tatar anrichten, den Basilikumrahm darum herumträufeln und nach Belieben mit Basilikumblättern garnieren.

Zutaten für 2 Personen:

Für das Tatar: *1 geh. EL Bulgur (fein) · Salz · gemahlene Kurkuma · 5 reife Tomaten · 25 g entsteinte schwarze Oliven · ½ Schalotte · 1 Msp. gehackte Knoblauchzehe · ½ TL Rotweinessig · 1 EL Olivenöl · je 1 TL Dill und Minzeblätter (frisch geschnitten) · Salz · schwarzer Pfeffer aus der Mühle*

Für den Dip und Halloumi: *80 g Sauerrahm · ¼–½ TL scharfer Senf · 1 EL Olivenöl · 1 Handvoll Basilikumblätter · Zitronensaft · mildes Chilisalz · Zucker · 200 g Halloumi (griechische Käsespezialität) · ½ TL Öl · ½–1 TL Brotzeitgewürz (ersatzweise bunter Pfeffer)*

> Variante zum Gewichthalten

510 kcal *Pro Person 1 Artischockenherz (in Lake eingelegt) abtropfen lassen und vierteln. Die Viertel außen um das Tatar herumlegen.*

> SCHLANK SCHLEMMEN

Hauptgerichte

Wenn hier Fleisch, Fisch und Gemüse die Hauptrolle spielen, werden Sie bestimmt nicht an Diät denken. Mit der Schuhbeck-Diät hebe ich die Qualität der Zutaten optimal hervor: durch die sanfte Garmethode und feine Gewürze. Dann braucht man weder den kräftigen Stich Butter an der Sauce und kaum mehr als einen Hauch von Öl fürs saftige Fleisch. Wer so kocht, lernt, leicht zu genießen.

26 REZEPTE MIT SCHUHBECKS ENERGIEQUALITÄT ZUM GENUSSVOLLEN ABNEHMEN

Clever kombinieren: Leichte Gerichte mit Fisch

Meeresfisch ist etwas gehaltvoller als etwa Forelle, aber dafür enthält er auch wertvolle Omega-Fettsäuren. Er ist der ideale Hauptgang – auch weil er konzentriert Eiweiß liefert, das besonders schnell satt macht.

Hervorragend dazu passt grüner Salat. Er liefert Ballaststoffe und hat kaum Kalorien, selbst mit Vinaigrette. Drei mittelgroße Kartoffeln enthalten zwar dreimal so viel Kalorien wie der Blattsalat, aber sind immer noch erstaunliche Leichtgewichte, solange sie nicht gebraten oder frittiert werden. Am besten in der Schale kochen, damit die gesunden Inhaltsstoffe nicht verloren gehen, und dann erst schälen. Wem diese Variante zu trocken ist, der kann die Kartoffeln mit einem Joghurtdip (80 g griechischer Joghurt + 2 EL Gemüsesud) würzen.

Die nächstbeste Variante, was die Figur angeht, ist natürlich Gemüse, roh oder in etwas Brühe geschwenkt. Besonders gut zum Fisch passt Fenchel. Es kann aber natürlich auch jedes andere Gemüse sein. Wer etwas mehr Kalorien zu sich nehmen möchte, kann das Gemüse auch einfach mit Kartoffeln kombinieren, dann greifen Sie beim nächsten Gericht einfach etwas weniger beherzt zu oder treiben noch an diesem Tag etwas Sport.

Das funktioniert auch mit Linsengemüse mit der höchsten Kalorienzahl unter diesen Beilagen. Linsen sind jedoch besonders gesund und sollten jede Woche mindestens einmal auf der Speisekarte stehen.

> Kombinationen mit Rotbarsch

Rotbarsch	+	Blattsalat, Kartoffeln und Joghurtdip	=	392 kcal
Rotbarsch	+	gemischtes Gemüse und Joghurtdip	=	330 kcal
Rotbarsch	+	gemischtes Gemüse und Kartoffeln	=	413 kcal
Rotbarsch	+	Linsengemüse und Joghurtdip	=	398 kcal

51 kcal
50 g Blattsalat (mit Vinaigrette)

167 kcal
50 g Linsengemüse

204 kcal
150 g Rotbarsch (gedämpft mit 1 TL Öl)

27 kcal
2 EL Joghurtdip

110 kcal
150 g Kartoffeln

99 kcal
gemischtes Gemüse (½ Fenchel, 30 g Kirschtomaten, 1 Blatt Mangold, 50 g Schalotte)

Clever kombinieren: Hähnchenvariationen

Wer abnehmen und seinen Körper mit Eiweiß und wenig Fett versorgen möchte, kommt an dem mageren Geflügel kaum vorbei. Hähnchen ist leicht verdaulich und liegt nicht schwer im Magen. So füllen Sie leere Energie- und Vitaminspeicher optimal wieder auf.

Die Haut des Hähnchens sollten Sie lieber weglassen, wenn Sie kalorienarm genießen wollen, denn sie enthält viel Fett. Da das Brustfilet relativ trocken ist, eignet sich gemischtes Gemüse besonders gut als Beilage: Lauch und Champignons zum Beispiel liefern aromatischen Saft, der kein Öl oder keine Brühe mehr benötigt, um zu schmecken. Hervorragend passen auch Muskatkürbis und rote Paprika. Wegen des Stärke- und Zuckergehalts des Kürbis enthält dieses Gemüse jedoch mehr Kalorien als die grün-weiße Beilage.

Bei den Kohlenhydrat-Beilagen kommt es ganz auf Ihren Geschmack an. Zu dem mageren Hähnchen können Sie auch relativ kalorienreiche Beilagen kombinieren: Wem eine klassisch milde Küche liegt, der nimmt Reis. Weniger Kalorien hat dabei ungeschälter Wildreis. Wer es orientalisch liebt, der greift zu Bulgur oder Couscous (175 kcal/50 g). Der Joghurtdip (30 g Joghurt mit 10 % Fett und 1 EL Gemüsebrühe) passt je nach Vorliebe zu allen Beilagen.

> Kombinationen mit Hähnchenbrust

Hähnchenbrust	+ Paprika, Muskatkürbis und Joghurtdip	=	323 kcal
Hähnchenbrust	+ Lauch, Champignons, Reis und Joghurtdip	=	436 kcal
Hähnchenbrust	+ Lauch, Champignons und Bulgur	=	394 kcal

170 kcal
50 g Bulgur

27 kcal
gemischtes Gemüse 1
(½ Lauchstange, 50 g Champignons)

197 kcal
150 g Hähnchenbrust
ohne Haut, in 1 TL Öl gebraten

37 kcal
40 g Joghurtdip

175 kcal
50 g Reis

89 kcal
gemischtes Gemüse 2
(135 g Paprika, 250 g Muskatkürbis)

Clever kombinieren: Vielfalt mit Fleisch

Rindfleisch zählt zwar nicht gerade zu den mageren Fleischsorten, gönnen Sie sich aber trotzdem ab und zu ein Stück davon. Denn es liefert auch viele wertvolle Nährstoffe. Und Sie sollen mit der Schuhbeck-Diät schließlich genießen können. Mit einer geschickten Auswahl an Beilagen sorgen Sie dafür, dass die Kalorienzahl im Rahmen bleibt.

Rindfleisch enthält wertvolles Eisen und Zink, das fördert die Blutbildung und unterstützt das Immunsysten. Essen Sie Rindfleisch am besten vom Weideochsen – das Verhältnis zwischen den Omega-3- und Omega-6-Fettsäuren ist dann deutlich besser als bei einem Tier aus Intensivhaltung.

Die Beilagen zum Rindfleisch habe ich bewusst besonders kalorienarm gewählt: So muss es keine Meerrettich-Sahne sein – auch ein Joghurtdip veredelt Ihr Stück Fleisch (30 g Joghurt mit 10 % Fett und 1 EL Gemüsebrühe). Eine klassische Gemüsebeilage ist Wurzelgemüse – die leicht süßlichen Karotten, Pastinaken oder Petersilienwurzeln enthalten allerdings Stärke und natürliche Süße. 40 Prozent weniger Kalorien enthält eine Kombination aus breiten Bohnen (sehr gesund) und Austernpilzen. Der Salat schlägt ähnlich zu Buche wie das Wurzelgemüse. Sehr lecker und gesund ist die Variante mit einer (Pell-)Kartoffel und dem Joghurtdip, auch wenn sie die kalorienreichste ist. Dieses Mehr sollten Sie dann am selben Tag mit etwas Weniger an anderer Stelle ausgleichen.

> Kombinationen mit Rinderfilet

Rinderfilet	+	Wurzelgemüse und Joghurtdip	=	310 kcal
Rinderfilet	+	Wurzelgemüse, Kartoffeln und Joghurtdip	=	420 kcal
Rinderfilet	+	Blattsalat und Joghurtdip	=	307 kcal
Rinderfilet	+	Gemüsebrühe, breite Bohnen und Austernpilze	=	265 kcal

6 kcal
2 EL Gemüsebrühe

53 kcal
75 g Blattsalat
(mit Vinaigrette)

28 kcal
2 EL Joghurtdip

226 kcal
150 g Rinderfilet
(gebraten)

110 kcal
150 g Kartoffeln

33 kcal
Gemüse 2
(75 g breite Bohnen,
40 g Austernpilze)

56 kcal
150 g Wurzelgemüse
(Karotten, Petersilienwurzel,
Pastinaken, Knollensellerie)

Indisches Gemüsecurry

mit Brokkoli, Kartoffeln und Mango

Zutaten für 2 Personen:

1 Zwiebel · 2 Karotten (ca. 150 g) · 2 Kartoffeln (ca. 200 g) · 150 g Knollensellerie · 450 ml Gemüsebrühe · 2 Scheiben Ingwer · 150 g Brokkoli · Salz · ½ Knoblauchzehe (fein gerieben) · 50 ml Kokosmilch · 1 gestr. EL mildes Currypulver · 2 TL Speisestärke · 80 g reife Mango · ca. 1 TL Limettensaft · 1 TL abgeriebene unbehandelte Limettenschale · Chilisalz

> Variante zum Gewichthalten

405 kcal *Wer es nicht ganz so vegetarisch mag, mischt unter das Curry noch Hähnchenfleisch. Dazu pro Portion 1 Hähnchenbrustfilet (ca. 120 g, ohne Haut) in Würfel schneiden und etwa 3 Minuten in Salzwasser pochieren (siehe Seite 51). Das Hähnchenfleisch kurz vor dem Servieren mit dem Gemüse zum Curry geben.*

280 kcal pro Portion

Eiweiß: 8 g · Fett: 10 g · Kohlenhydrate: 37 g
Ballaststoffe: 11 g · Zubereitung: 30 Min.

1 Zwiebel, Karotten, Kartoffeln und Sellerie schälen und in etwa 2 cm große Stücke schneiden. Mit der Brühe in einen Topf geben, Ingwer hinzufügen und alles zugedeckt bei milder Hitze 20 bis 25 Minuten garen.

2 In der Zwischenzeit den Brokkoli waschen, putzen und in kleine Röschen zerteilen. Die Brokkolistiele schälen, alle holzigen Teile entfernen und die Stiele in Scheiben schneiden. Den Brokkoli in Salzwasser 3 bis 4 Minuten bissfest kochen, in kaltem Wasser abschrecken und in einem Sieb abtropfen lassen.

3 Das in Brühe gegarte Gemüse in ein Sieb abgießen und die Brühe auffangen. Die Brühe mit Knoblauch und Kokosmilch erhitzen, das Currypulver unterrühren und einmal aufkochen lassen. Die Speisestärke mit etwas kaltem Wasser glatt rühren, nach und nach in die kochende Flüssigkeit rühren, bis sie leicht sämig bindet, und etwa 2 Minuten köcheln lassen.

4 Die Mango schälen, klein schneiden, in die Sauce geben und mit dem Stabmixer pürieren. Sauce mit Limettensaft, Limettenschale und Chilisalz abschmecken.

5 Den Brokkoli und das gedünstete Gemüse in die Sauce geben und untermischen. Das Gemüsecurry auf vorgewärmte Teller oder in Schälchen verteilen.

Sellerieschnitzel

mit Buttermilchremoulade und Kräutersalat

310 kcal pro Portion
Eiweiß: 9,5 g · Fett: 24 g · Kohlenhydrate: 13 g
Ballaststoffe: 12 g · Zubereitung: 30 Min.

1 Für die Remoulade das Ei etwa 10 Minuten hart kochen, pellen und halbieren. Eine Hälfte klein hacken (die andere Hälfte anderweitig verwenden). Die Gurke in kleine Würfel schneiden. Die Kapern ebenfalls klein schneiden. Den Schmand mit der Buttermilch und dem Senf verrühren. Schnittlauch, Essiggurken, Ei und Kapern dazugeben. Mit Zitronensaft, 1 Prise Zucker und Chilisalz abschmecken.

2 Für die Sellerieschnitzel den Sellerie schälen, in 6 bis 8 mm dicke Scheiben schneiden und in Salzwasser 5 bis 10 Minuten fast weich kochen, kalt abschrecken und sehr gut trocken tupfen. Mit dem Mehl bestäuben und in einer Pfanne im Öl bei milder Hitze auf beiden Seiten goldbraun braten. Die Schnitzel auf Küchenpapier abtropfen lassen und mit Chilisalz würzen.

3 Für den Salat die Schalotte schälen und in kleine Würfel schneiden. Die Schalottenwürfel mit der Brühe, dem Essig und dem Senf verrühren. Das Öl langsam unterrühren und die Marinade mit Salz, Pfeffer und 1 Prise Zucker würzen.

4 Die Salatblätter waschen, trocken schleudern und klein zupfen. Die Kräuter waschen und trocken schleudern. Die Radieschen putzen, waschen und in dünne Scheiben hobeln. Die Salat- und Kräuterblätter mit den Radieschenscheiben und der Marinade vermischen.

5 Die Sellerieschnitzel auf vorgewärmten Tellern anrichten, den Salat danebenlegen und die Buttermilchremoulade darum herum verteilen oder in Schälchen separat dazu reichen.

Zutaten für 2 Personen:

Für die Remoulade und die Schnitzel: 1 Ei · ½ kleine Essiggurke · ½ TL Kapern · 50 g Schmand · 2 EL Buttermilch · ½ TL scharfer Senf · 1 EL Schnittlauch (frisch geschnitten) · einige Tropfen Zitronensaft · Zucker · mildes Chilisalz · 400 g Knollensellerie · Salz · 1 TL doppelgriffiges Mehl · 1 EL Öl

Für den Salat: ½ Schalotte · 65 ml Gemüsebrühe · 1 EL Weißweinessig · ¼–½ TL scharfer Senf · 1 EL Öl · Salz · schwarzer Pfeffer aus der Mühle · Zucker · 150 g gemischte Blattsalate · 2 Handvoll gemischte Kräuter · 4 Radieschen

> Variante zum Gewichthalten

390 kcal *Servieren Sie zu den Sellerieschnitzeln pro Person noch 1 gekochtes Ei, das zusätzlich hochwertiges Eiweiß liefert.*

Rehschnitzel

mit Selleriepüree

385 kcal pro Portion
Eiweiß: 52,5 g · Fett: 9 g · Kohlenhydrate: 21 g
Ballaststoffe: 13,5 g · Zubereitung: 30 Min.

Zutaten für 2 Personen:

Für das Püree: 600 g Knollensellerie · 1 kleine Kartoffel (ca. 80 g) · 70 ml Gemüsebrühe · 70 ml Milch (1,5 % Fett) · 1 TL kalte Butter (5 g) · mildes Chilisalz · etwas frisch geriebene Muskatnuss

Für die Rehschnitzel: 300 g Oberschale vom Reh (küchenfertig vorbereitet) · ½ TL Öl · 80 ml Geflügelbrühe · 1 TL Steak- und Grillgewürz · 1 TL kalte Butter (5 g)

1 Für das Selleriepüree den Knollensellerie putzen, schälen und in kleine Würfel schneiden. Die Kartoffel schälen und ebenfalls in kleine Würfel schneiden. Die Brühe und die Milch in einem Topf erhitzen und die Sellerie- und Kartoffelwürfel darin zugedeckt bei milder Hitze etwa 20 Minuten weich schmoren.

2 Die Gemüsewürfel mit dem Schaumlöffel herausnehmen und im Blitzhacker pürieren, dabei so viel Kochflüssigkeit wie nötig hinzufügen. Die Butter unterrühren und das Selleriepüree mit Chilisalz und Muskatnuss abschmecken.

3 Für die Rehschnitzel das Fleisch in dünne Schnitzel schneiden und zwischen zwei Stücken Frischhaltefolie mit der flachen Seite eines Schnitzelklopfers etwas nachklopfen.

4 Eine große Pfanne bei mittlerer Temperatur erhitzen und das Öl mit einem Pinsel darin verteilen. Die Rehschnitzel darin auf beiden Seiten etwa 3 Minuten anbraten und aus der Pfanne nehmen. Den Bratensatz mit der Brühe ablöschen, das Steak- und Grillgewürz unterrühren und alles auf 3 bis 4 EL einköcheln lassen. Vom Herd nehmen und die Butter unterrühren. Die Rehschnitzel in der Sauce wenden und, falls nötig, nochmals abschmecken.

5 Die Fleischscheiben auf vorgewärmten Tellern anrichten, mit dem Gewürzsud beträufeln und das Selleriepüree danebensetzen.

> Varianten zum Gewichthalten

465 kcal *Zum Rehschnitzel mit Selleriepüree passt natürlich Blaukraut sehr gut. Wenn Sie das Blaukraut von Seite 120 dazu servieren, hat dieses Gericht nur etwa 80 kcal pro Portion mehr.*

460 kcal *Auch das Bohnengemüse von Seite 132 harmoniert gut mit dem Reh und erhöht die Kalorien pro Portion um nur rund 75 kcal.*

Hirschrücken

mit Blaukraut und Wacholder-Orangen-Joghurt

320 kcal pro Portion
Eiweiß: 35,5 g · Fett: 14 g · Kohlenhydrate: 12 g
Ballaststoffe: 5,5 g · Zubereitung: 70 Min.

Zutaten für 2 Personen:

Für das Blaukraut: 400 g Rotkohl · ½ TL Puderzucker · 60 ml Rotwein · 75 ml Gemüsebrühe · 1 Lorbeerblatt · 3 angedrückte Pimentkörner · ½ TL schwarze Pfefferkörner · 1 Splitter Zimtrinde · 2 EL Apfelmus · 1 Streifen unbehandelte Orangenschale · 1 Scheibe Ingwer · 1 TL kalte Butter (5 g) · Salz · 1 TL milder Aceto balsamico

Für den Joghurt: 6 EL Gemüsebrühe · ½ TL angedrückte Wacholderbeeren · 5 Pimentkörner · 80 g griechischer Joghurt · mildes Chilisalz · Zucker · ½ TL abgeriebene unbehandelte Orangenschale

Für das Fleisch: 4 Hirschrückensteaks (à 1½–2 cm dick, insgesamt ca. 300 g) · ½ TL Öl · mildes Chilisalz

> Varianten zum Gewichthalten

380 kcal *Als Beilage passen gebratene Birnenspalten: Pro Person ½ reife Birne in Spalten schneiden und diese in ¼ TL Butter auf beiden Seiten leicht anbraten.*

355 kcal *Raffiniert ist es, pro Person je ½ EL gehackte Pistazien und Granatapfelkerne aufzustreuen.*

1 Den Rotkohl putzen, die äußeren Blätter entfernen und den Strunk herausschneiden. Den Kohl auf dem Gemüsehobel in feine Streifen hobeln. Den Puderzucker in einem Topf hell karamellisieren, den Rotwein angießen und auf ein Drittel einköcheln lassen. Rotkohl und Brühe hinzufügen und den Kohl zugedeckt bei milder Hitze etwa 1 Stunde mehr ziehen als köcheln lassen, bis der Kohl gar ist, dabei öfter umrühren.

2 Nach 30 Minuten das Lorbeerblatt zum Kohl geben. Den Piment, den Pfeffer und den Zimt in ein Gewürzsäckchen füllen. Das Säckchen verschließen und zu dem Rotkohl geben.

3 Am Ende der Garzeit das Apfelmus unter den Kohl rühren. Orangenschale und Ingwer dazugeben, einige Minuten darin ziehen lassen, dann die ganzen Gewürze und das Gewürzsäckchen wieder entfernen. Die Butter in das Blaukraut rühren, mit Salz und Balsamicoessig abschmecken.

4 Für den Joghurt die Brühe mit den Wacholderbeeren und Pimentkörnern auf ein Drittel einköcheln lassen. Durch ein Sieb gießen und mit dem Joghurt verrühren. Mit Chilisalz, 1 Prise Zucker und Orangenschale würzen.

5 Die Steaks mit dem Handballen etwas flach drücken. Eine Pfanne bei mittlerer Temperatur erhitzen und das Öl mit einem Pinsel darin verteilen. Die Steaks 2½ bis 3 Minuten darin anbraten, bis das Fleisch an der Oberfläche leicht zu schwitzen beginnt und sich nach oben wölbt. Die Steaks wenden, noch einmal 2½ bis 3 Minuten braten, bis sich die Fleischstücke wieder nach oben wölben und an der Oberfläche rötlicher Fleischsaft austritt. Die Steaks aus der Pfanne nehmen, auf Küchenpapier abtropfen lassen und mit Chilisalz würzen.

6 Das Blaukraut auf vorgewärmte Teller verteilen, die Hirschrückenscheiben danebenlegen und den Wacholder-Orangen-Joghurt darum herumträufeln.

Hähnchenbrust

auf warmem Spargelsalat mit gebratenen Pilzen

280 kcal pro Portion
Eiweiß: 36,5 g · Fett: 12 g · Kohlenhydrate: 7 g
Ballaststoffe: 5 g · Zubereitung: 25 Min.

Zutaten für 2 Personen:

Für das Fleisch: 2 Hähnchenbrustfilets (à ca. 120 g, ohne Haut) · ½ TL Öl · mildes Chilisalz

Für den Salat: je 250 g weißer und grüner Spargel (außerhalb der Saison nur grüner Spargel) · ½ TL Puderzucker · 100 ml Geflügelbrühe · 1 EL Zitronensaft · 1 EL mildes Olivenöl · Salz · schwarzer Pfeffer aus der Mühle ·

Für die Pilze: 150 g gemischte Pilze (z. B. Pfifferlinge, Steinpilze, Shiitake, Champignons, Kräuterseitlinge, Egerlinge) · ½ TL Öl · mildes Chilisalz · gemahlener Kümmel · 1 Msp. abgeriebene unbehandelte Zitronenschale

1 Für die Hähnchenbrust den Backofen auf 100 °C vorheizen und ein Ofengitter mit Abtropfblech auf die mittlere Schiene schieben. Die Hähnchenbrustfilets waschen und trocken tupfen.

2 Eine Pfanne bei mittlerer Temperatur erhitzen und das Öl mit einem Pinsel darin verteilen. Die Hähnchenbrustfilets darin auf beiden Seiten hell anbraten. Auf das Gitter in den Ofen legen und etwa 25 Minuten saftig durchziehen lassen. Anschließend mit Chilisalz würzen.

3 Für den Salat den Spargel waschen. Den weißen Spargel ganz, den grünen Spargel nur im unteren Drittel schälen, die holzigen Enden dabei abschneiden. Die Spargelstangen schräg in ½ cm dicke Stücke schneiden.

4 Den Puderzucker in einer Pfanne bei mittlerer Hitze farblos karamellisieren und den Spargel darin kurz anschwitzen. Die Brühe dazugeben und den Spargel 6 bis 8 Minuten bei milder Hitze bissfest garen. Die Spargelstücke in eine Schüssel füllen und mit Zitronensaft, Olivenöl, Salz und Pfeffer würzen.

5 Für die gebratenen Pilze die Pilze putzen und vierteln. Eine Pfanne bei mittlerer Temperatur erhitzen und das Öl mit einem Pinsel darin verteilen. Die Pilze darin 2 bis 3 Minuten anbraten. Mit Chilisalz, 1 Prise Kümmel und Zitronenschale würzen.

6 Den marinierten Spargel ohne Marinade auf angewärmten Tellern anrichten, die Pilze daraufgeben, das Fleisch in Scheiben schneiden und darauflegen.

> Varianten zum Gewichthalten

395 kcal *Pro Person 40 g hauchdünn geschnittene Scheiben Bresaola auf dem Teller anrichten.*

360 kcal *Für mehr Kohlenhydrate pro Person 1 Scheibe Vollkornbrot (40 g) in Würfel schneiden, in einer Pfanne ohne Fett rösten und auf das Gericht streuen.*

Hendlbrust in Gewürzjoghurt

auf Lauch-Champignon-Gemüse

280 kcal pro Portion

Eiweiß: 34 g · Fett: 12 g · Kohlenhydrate: 4 g
Ballaststoffe: 2,5 g · Zubereitung: 25 Min.

Zutaten für 2 Personen:

Für das Gemüse: 1 dünne Lauchstange · 100 g kleine feste Champignons · ½ TL Öl · 3 EL Weißwein · 75 ml Gemüsebrühe · 1 Knoblauchzehe (halbiert) · 1 Scheibe Ingwer · 1 Streifen unbehandelte Zitronenschale · Salz · schwarzer Pfeffer aus der Mühle · 2 TL kalte Butter (10 g) · 1 TL Petersilie (frisch geschnitten)

Für das Fleisch: 1 TL Steak- und Grillgewürz · 3 EL heiße Geflügelbrühe · 70 g griechischer Joghurt · mildes Chilisalz · 2 Hähnchenbrustfilets (250 g, ohne Haut) · ½ TL Öl · Salz

> Varianten zum Gewichthalten

425 kcal *Wenn Sie dazu Salzkartoffeln servieren (je Person 200 g), erhalten Sie pro Portion 145 kcal mehr.*

335 kcal *Pro Portion ½ geschälte, klein geschnittene rote Paprikaschote mit dem Lauch garen und 1 EL (ca. 20 g) gegarten Bulgur unter das Gemüse ziehen.*

1 Für das Gemüse den Lauch putzen, dabei die dunkelgrünen Blätter entfernen. Den Lauch längs halbieren, gut waschen und in 1 bis 2 cm breite Streifen schneiden. Die Champignons putzen, eventuell trocken abreiben und in ½ cm dicke Scheiben schneiden.

2 Den Lauch in einem Topf bei mittlerer Hitze im Öl 2 Minuten andünsten, mit Weißwein ablöschen und diesen fast vollständig einkochen lassen. Mit der Brühe aufgießen und zugedeckt etwa 6 Minuten knapp unter dem Siedepunkt bissfest garen. Die Champignons dazugeben. Knoblauch, Ingwer und Zitronenschale hinzufügen, einige Minuten darin ziehen lassen und wieder entfernen. Den Lauch mit Salz und Pfeffer abschmecken, die Butter unterrühren und zum Schluss das Gemüse mit Petersilie bestreuen.

3 Für das Fleisch das Steak- und Grillgewürz mit der heißen Brühe verrühren und unter den Joghurt rühren. Mit Chilisalz würzen.

4 Die Hähnchenbrustfilets waschen, trocken tupfen und schräg in 1 bis 1 ½ cm dicke Scheiben schneiden. Eine Pfanne bei mittlerer Temperatur erhitzen und das Öl mit einem Pinsel darin verteilen. Die Hähnchenbrustscheiben darin auf beiden Seiten je 1 bis 2 Minuten anbraten. Die Pfanne vom Herd nehmen, das Fleisch in der Resthitze saftig ziehen lassen, dann auf Küchenpapier abtropfen lassen und mit Salz würzen.

5 Das Lauch-Champignon-Gemüse auf vorgewärmten Tellern anrichten. Die Hähnchenbrustscheiben im Gewürzjoghurt wenden und auf das Gemüse legen.

Geschmorte Hendlkeulen

mit Kürbis-Paprika-Ragout

325 kcal pro Portion

Eiweiß: 34,5 g · *Fett:* 15 g · *Kohlenhydrate:* 14 g
Ballaststoffe: 4,5 g · *Zubereitung:* 50 Min.

1 Die Hähnchenkeulen waschen und trocken tupfen. Eine Pfanne bei mittlerer Temperatur erhitzen und das Öl mit einem Pinsel darin verteilen. Die Hähnchenkeulen darin auf beiden Seiten langsam anbraten. Die Brühe angießen und das Fleisch zugedeckt 30 Minuten am Siedepunkt ziehen lassen.

2 Inzwischen die Paprikaschoten waschen, vierteln, entkernen, mit einem Sparschäler schälen und in 1 ½ bis 2 cm große Stücke schneiden. Den Kürbis schälen, entkernen und das Kürbisfleisch in 2 bis 2 ½ cm große Würfel schneiden.

3 Kürbis, Paprika, Knoblauch und Ingwer in die Brühe zum Hähnchen geben und alles weitere 15 Minuten zugedeckt knapp unter dem Siedepunkt garen, bis das Gemüse weich ist und die Hähnchenkeulen saftig sind.

4 Den Garsud abgießen und auffangen. Ein Drittel des Gemüses mit der Ingwerscheibe herausnehmen und in einen hohen Rührbecher füllen. Etwas Sud hinzufügen, mit edelsüßem und geräuchertem Paprikapulver, Koriander und Bohnenkraut würzen und alles zu einer sämigen Sauce pürieren. Falls nötig, noch etwas Sud hinzufügen. Die Butter untermixen und die Sauce mit Chilisalz würzen. Die Sauce mit dem stückigen Gemüse in der Pfanne vermischen und nochmals nach Belieben abschmecken.

5 Das Kürbis-Paprika-Ragout auf vorgewärmte Teller verteilen. Das Hähnchenfleisch vom Knochen lösen, in 3 bis 4 Stücke zerteilen und auf dem Gemüse anrichten.

Zutaten für 2 Personen:

2 Hähnchenkeulen (à 200 g, ohne Haut) · ½ TL Öl · 150 ml Geflügelbrühe · 1 ½ rote Paprikaschoten · 500 g Butternusskürbis oder Muskatkürbis · 1 Knoblauchzehe (in Scheiben) · 1 Scheibe Ingwer (geschält) · 1 Msp. Paprikapulver (edelsüß) · 1 Prise frisch gemahlener Koriander · 1 Prise Bohnenkraut · 1 Msp. geräuchertes Paprikapulver (z. B. Piment La Vera picante, ersatzweise Räuchersalz) · 2 TL kalte Butter (10 g) · Chilisalz

> Varianten zum Gewichthalten

500 kcal *Als Beilage zu den Hendlkeulen passt Reis sehr gut. Rechnen Sie pro Person 50 g Rohware.*

490 kcal *Mit Vollkornnudeln (50 g Rohware pro Person) ernähren Sie sich nicht nur ballaststoffreicher, sondern das Gericht sättigt auch länger.*

Hendlpflanzerl

auf Gemüsesalat

380 kcal pro Portion

Eiweiß: 39,5 g · Fett: 16 g · Kohlenhydrate: 19 g
Ballaststoffe: 5,5 g · Zubereitung: 35 Min.

Zutaten für 2 Personen:

Für den Salat: *3 Stangen grüner Spargel · 1 Karotte · ½ kleine Fenchelknolle · ¼ Zucchini · 60 g kleine Cocktailtomaten · Salz*

Für die Marinade: *60 ml warme Gemüsebrühe · 2 EL Zitronensaft · ½–1 TL Dijonsenf · 1 EL Olivenöl · 1–2 TL gemischte Kräuter (frisch geschnitten; z. B. Dill, Kerbel, Petersilie, Basilikum) · mildes Chilisalz · Zucker*

Für die Hendlpflanzerl: *40 g Toastbrot · 50 ml Milch (1,5 % Fett) · ¼ Zwiebel · 50 ml Geflügelbrühe · 1 Msp. frisch geriebener Ingwer · 1 Ei · 1 TL scharfer Senf · mildes Chilisalz · schwarzer Pfeffer aus der Mühle · frisch geriebene Muskatnuss · 1 Msp. abgeriebene unbehandelte Zitronenschale · 250 g Hähnchenbrustfilet · getrockneter Majoran · 1 TL Petersilie (frisch geschnitten) · 1 EL Öl*

1 Für den Salat den Spargel waschen und im unteren Drittel schälen, dabei holzige Enden entfernen. Den Spargel längs halbieren und schräg in 3 bis 4 cm lange Stücke schneiden. Die Karotte putzen, schälen, längs halbieren und schräg in 4 bis 5 mm dicke Scheiben schneiden. Den Fenchel putzen, waschen und in 2 bis 3 cm große Stücke schneiden. Die Zucchini waschen, halbieren und in 4 bis 5 mm dicke Scheiben schneiden. Die Cocktailtomaten waschen und halbieren.

2 Zucchini, Fenchel, Spargel und Karotte nacheinander in Salzwasser gerade bissfest kochen, in ein Sieb abgießen, kalt abschrecken und abtropfen lassen.

3 Für die Marinade die Brühe mit Zitronensaft, Senf, Öl und Kräutern verrühren und mit Chilisalz und 1 Prise Zucker würzen. Alle Gemüsesorten darin wenden, einige Minuten ziehen lassen und, falls nötig, nachwürzen.

4 Für die Hendlpflanzerl das Toastbrot entrinden, in Würfel schneiden und in einer Schüssel in der Milch einweichen. Die Zwiebel schälen, in sehr kleine Würfel schneiden und in einer Pfanne in der Brühe bei milder Hitze glasig dünsten, bis die Flüssigkeit verkocht ist. Anschließend den Ingwer dazugeben. Das Ei mit dem Senf, etwas Chilisalz und Pfeffer, 1 Prise Muskatnuss und der Zitronenschale verquirlen.

5 Das Hähnchenbrustfilet waschen und trocken tupfen. Durch die feine Scheibe des Fleischwolfs drehen oder in sehr feine Würfel schneiden. Das Hähnchenhackfleisch mit dem eingeweichten Brot, dem verquirlten Ei, den Zwiebelwürfeln, 1 Prise Majoran und der Petersilie vermischen.

6 Aus der Hackfleischmasse mit angefeuchteten Händen kleine Hendlpflanzerl formen. Eine Pfanne erhitzen und das Öl darin verteilen. Die Hendlpflanzerl darin bei mittlerer Hitze auf beiden Seiten insgesamt etwa 5 Minuten goldbraun braten. Herausnehmen und auf Küchenpapier abtropfen lassen.

7 Den Gemüsesalat auf vorgewärmte Teller verteilen und die Hendlpflanzerl darauf anrichten.

> Variante zum Gewichthalten

520 kcal *Wenn Sie statt des Hähnchenbrustfilets die gleiche Menge gemischtes Hackfleisch von Kalb und Schwein (250 g) verwenden, erhöht sich der Kaloriengehalt vor allem durch den höheren Fettanteil um rund 140 kcal pro Portion. Das Durchdrehen des Fleisches durch den Fleischwolf in Schritt 2 entfällt dann natürlich.*

Kalbsrückensteak

mit Wok-Gemüse und Koriander

295 kcal pro Portion

Eiweiß: 36,5 g · *Fett:* 10 g · *Kohlenhydrate:* 15 g
Ballaststoffe: 5 g · *Zubereitung:* 25 Min.

Zutaten für 2 Personen:

Für das Gemüse: *2 Frühlingszwiebeln · 2 Blätter Chinakohl (ca. 100 g; ersatzweise Pak Choi) · 80 g Shiitake-Pilze · 1 Karotte · 50 g kleine Zuckerschoten · 50 g Sojasprossen · 1 TL Öl · 50 ml Geflügelbrühe · 1 EL Reiswein · 1–2 EL helle Sojasauce · 1 TL fein geriebener Knoblauch · 1 TL fein geriebener Ingwer · 1 TL abgeriebene unbehandelte Limettenschale · milde Chiliflocken · Salz · 1 EL Korianderblätter (klein gezupft)*

Für das Fleisch: *½ TL Öl · 2 Kalbsrückensteaks (à 150 g, küchenfertig, ohne Fettrand) · 60 ml Geflügelbrühe · 1 gestr. TL Steak- und Grillgewürz · 1 TL kalte Butter (5 g) · Salz*

> Variante zum Gewichthalten

470 kcal *Ideal als Beilage zum asiatischen Wok-Gemüse passt duftender Basmatireis. Rechnen Sie etwa 50 g Rohware pro Person.*

1 Für das Gemüse die Frühlingszwiebeln putzen, waschen und in etwa 2 cm lange Stücke schneiden. Den Chinakohl waschen, trocken tupfen und in Streifen schneiden. Die Pilze putzen und vierteln, die Karotte putzen, schälen und in Scheiben hobeln. Die Zuckerschoten waschen, putzen und schräg halbieren. Die Sojasprossen verlesen, waschen und abtropfen lassen.

2 Einen Wok oder eine große, tiefe Pfanne erhitzen, das Öl mit einem Pinsel darin verteilen. Zuckerschoten, Karotte, Pilze und Chinakohl in den Wok geben und unter Rühren 2 Minuten anbraten. Sojasprossen und Frühlingszwiebeln dazugeben, 1 Minute weiterbraten und mit der Brühe ablöschen. Reiswein und Sojasauce unterrühren. Knoblauch, Ingwer, Limettenschale und 1 Prise Chiliflocken dazugeben. Falls nötig, mit etwas Sojasauce oder Salz verfeinern. Koriander unterrühren.

3 Für die Steaks eine Pfanne bei mittlerer Temperatur erhitzen und das Öl mit einem Pinsel darin verteilen. Das Fleisch etwa 2 ½ Minuten anbraten, bis es an der Oberfläche leicht zu schwitzen beginnt und sich nach oben wölbt. Die Steaks wenden, noch einmal etwa 2 ½ Minuten braten, bis sich die Fleischstücke wieder nach oben wölben und rötlicher Fleischsaft austritt.

4 Die Steaks vom Herd nehmen, in der Pfanne noch 1 Minute ziehen lassen, dann herausnehmen. Die Pfanne zurück auf den Herd stellen und den Bratensatz mit Brühe ablöschen. Steak- und Grillgewürz dazugeben und die Sauce bis auf 2 EL einköcheln lassen. Vom Herd nehmen und die Butter unterrühren. Die Steaks in der Sauce wenden und, falls nötig, leicht salzen.

5 Das Wok-Gemüse auf vorgewärmte Teller verteilen und die Kalbsrückensteaks daneben anrichten.

Kalbsleber

auf Pfifferlingsspinat mit gegrillten Pfirsichspalten

245 kcal pro Portion
Eiweiß: 30,5 g · *Fett:* 8 g · *Kohlenhydrate:* 12 g
Ballaststoffe: 4 g · *Zubereitung:* 25 Min.

1 Für die Leber die Kalbsleber enthäuten und putzen, waschen, trocken tupfen und in 5 bis 8 mm dicke Scheiben schneiden.

2 Eine Pfanne bei mittlerer Temperatur erhitzen und das Öl mit einem Pinsel darin verteilen. Die Leber darin auf beiden Seiten je knapp 1 Minute braten. Anschließend mit Salz und Pfeffer würzen und warm halten.

3 Für den Pfifferlingsspinat den Spinat putzen, gründlich waschen und abtropfen lassen. Die Pfifferlinge putzen und, falls nötig, kurz in kaltem Wasser waschen, sofort abtropfen lassen und trocken tupfen.

4 Eine tiefe Pfanne bei mittlerer Temperatur erhitzen und das Öl mit einem Pinsel darin verteilen. Die Pfifferlinge darin etwa 2 Minuten anbraten. Mit Salz würzen und die Petersilie dazugeben. Die Pfifferlinge aus der Pfanne nehmen.

5 Die Brühe mit Knoblauch, Ingwer, Zitronenschale, Koriander, Paprikapulver, Bohnenkraut und Vanillepulver in die Pfanne geben. Den Spinat hinzufügen und andünsten, bis er zusammengefallen ist. Vom Herd nehmen und mit Salz würzen. Zuletzt die Pfifferlinge dazugeben und die Butter hinzufügen.

6 Den Pfirsich waschen und in Spalten schneiden. Eine Pfanne bei mittlerer Temperatur erhitzen und die braune Butter mit einem Pinsel darin verteilen. Die Pfirsichspalten auf beiden Seiten darin anbraten. Etwas Zimtrinde fein darüberreiben.

7 Den Pfifferlingsspinat auf vorgewärmte Teller verteilen und die Leberscheiben daneben oder darauf anrichten. Mit den Pfirsichspalten garnieren.

Zutaten für 2 Personen:

Für die Leber: 300 g Kalbsleber · ½ TL Öl · Salz · ½ TL aus der Pfeffermühle (siehe Seite 47)

Für den Spinat: 250 g Baby- oder Blattspinat · 80 g kleine Pfifferlinge · ½ TL Öl · Salz · 1 TL Petersilie (frisch geschnitten) · 3 EL Geflügelbrühe · 1 Knoblauchzehe (in Scheiben) · 1 Scheibe Ingwer · 1 Streifen unbehandelte Zitronenschale · 1 Prise gemahlener Koriander · 1 Msp. Paprikapulver (edelsüß) · 1 Prise Bohnenkraut · 1 Hauch Vanillepulver · 1 TL Butter (5 g)

Für die Pfirsiche: ½ reifer Pfirsich · ½ TL braune Butter · Zimtrinde

> Variante zum Gewichthalten

265 kcal *Die Pfirsiche können zum Schluss noch mit 1 TL kalter Butter geschmacklich abgerundet werden.*

Kalbsschnitzel

mit Pichelsteiner Gemüse

275 kcal pro Portion
Eiweiß: 32 g · Fett: 6 g · Kohlenhydrate: 22 g
Ballaststoffe: 8 g · Zubereitung: 35 Min.

Zutaten für 2 Personen:

Für das Gemüse: 1 festkochende Kartoffel (ca. 140 g) · 1 Karotte (ca. 90 g) · 1 Petersilienwurzel · 1 Zwiebel · 100 g Knollensellerie · ¼ Stange Lauch (ca. 70 g) · 100 g Wirsing · 1 TL schwarze Pfefferkörner · 1 TL Pimentkörner · 1 Lorbeerblatt · ¼ l Geflügelbrühe · 1 Knoblauchzehe (in Scheiben) · 1 Scheibe Ingwer · 1 Streifen unbehandelte Zitronenschale · Salz · 1 Prise Bohnenkraut · 1 Hauch geriebene Zimtrinde · 1 TL Petersilie (frisch geschnitten) · 1 TL Dill (frisch geschnitten)

Für das Fleisch: ½ TL Öl · 4 Kalbsschnitzel aus der Oberschale (à ca. 60 g) · 80 ml Geflügelbrühe · 1 gestr. TL Steak- und Grillgewürz · 1 TL kalte Butter (5 g)

1 Für das Gemüse Kartoffel, Karotte, Petersilienwurzel, Zwiebel und Sellerie schälen und in etwa 1 ½ cm große Würfel schneiden. Lauch und Wirsing putzen, waschen und in 1 ½ cm große Stücke schneiden, dabei den Strunk entfernen. Die Pfeffer- und Pimentkörner sowie das Lorbeerblatt in ein Gewürzsäckchen füllen und dieses verschließen.

2 Kartoffel, Karotte, Petersilienwurzel, Zwiebel und Sellerie mit der Brühe und dem Gewürzsäckchen in einen Topf geben und zugedeckt etwa 25 Minuten knapp unter dem Siedepunkt weich ziehen lassen. Nach 15 Minuten Garzeit den Lauch und den Wirsing dazugeben. Gegen Ende der Garzeit Knoblauch, Ingwer und Zitronenschale einlegen. Zum Schluss mit Salz, Bohnenkraut und Zimt verfeinern, das Gewürzsäckchen und die ganzen Gewürze herausnehmen und die Petersilie sowie den Dill hineinstreuen.

3 Für das Fleisch eine Pfanne bei mittlerer Temperatur erhitzen und das Öl mit einem Pinsel darin verteilen. Die Kalbsschnitzel darin auf beiden Seiten insgesamt etwa 3 Minuten anbraten und aus der Pfanne nehmen. Den Bratensatz mit der Brühe ablöschen, das Steak- und Grillgewürz unterrühren und alles auf 3 bis 4 EL einköcheln lassen. Vom Herd nehmen und die Butter unterrühren. Die Kalbsschnitzel in der Sauce wenden und, falls nötig, nochmals abschmecken.

4 Das Gemüse ohne Brühe auf vorgewärmte Teller verteilen und die Kalbsschnitzel daneben anrichten.

> Varianten zum Gewichthalten

335 kcal *Als Dip können Sie den Gewürzjoghurt von Seite 120 dazureichen, der den Kaloriengehalt um rund 60 kcal pro Person erhöht.*

320 kcal *Verfeinern Sie das Gericht, indem Sie je 1 TL Olivenöl pro Portion in das fertige Gemüse rühren.*

Gebratenes Rinderfilet

in Pfefferbutter auf Wurzelgemüse

310 kcal pro Portion
Eiweiß: 35,5 g · *Fett:* 12 g · *Kohlenhydrate:* 14 g
Ballaststoffe: 7 g · *Zubereitung:* 30 Min.

Zutaten für 2 Personen:

Für das Gemüse: 400 g Wurzelgemüse (z. B. Karotte, gelbe Karotte, Petersilienwurzel, Pastinake, Knollensellerie) · 60 ml Geflügelbrühe · 1 Scheibe Ingwer · 1 Knoblauchzehe (in Scheiben) · je 1 Msp. frisch gemahlener Koriander und Paprikapulver (edelsüß) · je 1 Prise Bohnenkraut und milde Chiliflocken · je 1 Hauch Zimtrinde und Vanillepulver · 1 TL Petersilie (frisch geschnitten) · Salz · 1 TL Olivenöl

Für das Fleisch: 4 Rinderfiletsteaks (à 1 ½–2 cm dick, insgesamt ca. 300 g; Mittelstück) · ½ TL Öl · 60 ml Geflügelbrühe · 1 TL kalte Butter (5 g) · ½ TL Pfeffer aus der Pfeffermühle (siehe Seite 47) · Salz

1 Für das Gemüse das Wurzelgemüse putzen und schälen. Karotten, Petersilienwurzeln und Pastinaken längs halbieren und schräg in ½ bis 1 cm breite Scheiben schneiden. Den Sellerie in gleich große Scheiben und diese in etwa 2 cm große Stücke schneiden.

2 Die Brühe mit dem Wurzelgemüse in einen Topf geben und den Ingwer hinzufügen. Das Gemüse zugedeckt am Siedepunkt 12 bis 15 Minuten weich garen. Knoblauch, Koriander, Paprikapulver, Bohnenkraut, Chiliflocken, Zimt und Vanillepulver dazugeben, die Petersilie hineinstreuen und mit Salz würzen. Zum Schluss das Öl untermischen.

3 Für das Fleisch die Filetsteaks mit dem Handballen etwas flach drücken. Eine Pfanne bei mittlerer Temperatur erhitzen und das Öl mit einem Pinsel darin verteilen. Das Fleisch darin 2 ½ bis 3 Minuten anbraten, bis es an der Oberfläche leicht zu schwitzen beginnt und sich nach oben wölbt. Die Steaks wenden und weitere 2 ½ bis 3 Minuten braten, bis sich die Fleischstücke wieder nach oben wölben und an der Oberfläche rötlicher Fleischsaft austritt.

4 Die Pfanne vom Herd nehmen, die Steaks noch 1 Minute ziehen lassen und dann herausnehmen. Die Pfanne zurück auf den Herd stellen, den Bratensatz mit Brühe ablöschen und bis auf 2 EL einköcheln lassen. Die Pfanne wieder vom Herd nehmen, die Butter und den Pfeffer unterrühren und die Steaks in der Sauce wenden. Falls nötig, leicht salzen.

5 Das Wurzelgemüse auf vorgewärmte Teller verteilen und die Steaks mit der Sauce daneben anrichten.

> Varianten zum Gewichthalten

440 kcal *Zum Rinderfilet passen pro Person sehr gut etwa 150 g in Scheiben geschnittene und in ½ TL Öl gebratene Kartoffeln.*

360 kcal *Als Beilage, die nur etwa 50 kcal pro Person liefert, passt ein Gewürzjoghurt: Dafür 70 g griechischen Joghurt mit 3 EL heißer Brühe verrühren und mit 1 TL Steak- und Grillgewürz sowie etwas Chilisalz würzen.*

Gebratene Rinderlende

auf breiten Bohnen mit Pilzen

285 kcal pro Portion
Eiweiß: 37,5 g · Fett: 13 g · Kohlenhydrate: 5 g
Ballaststoffe: 2,5 g · Zubereitung: 45 Min.

Zutaten für 2 Personen:

Für das Fleisch: 2 Rinderrückensteaks (à 150 g, küchenfertig und ohne Fettrand) · ½ TL Öl · 1 TL Olivenöl · Salz · schwarzer Pfeffer aus der Mühle

Für das Gemüse: 150 g breite Bohnen · Salz · 80 g Austernpilze · 1 TL Öl · schwarzer Pfeffer aus der Mühle · gemahlener Kümmel · 1 Msp. abgeriebene unbehandelte Zitronenschale · 3 EL Gemüsebrühe · ½ TL geräuchertes scharfes Paprikapulver (ersatzweise je 1 Prise Räuchersalz und milde Chiliflocken) · 1 Knoblauchzehe (halbiert) · ½ Streifen unbehandelte Zitronenschale · 1 TL Dill (frisch geschnitten) · 1 TL kalte Butter (5 g)

1 Für das Fleisch den Backofen auf 100 °C vorheizen, ein Ofengitter auf die mittlere Schiene und darunter ein Abtropfblech schieben.

2 Eine Pfanne bei mittlerer Temperatur erhitzen und ½ TL Öl mit einem Pinsel darin verteilen. Die Steaks darin auf beiden Seiten sowie auf dem Rand etwa 3 Minuten anbraten. Die Steaks auf das Ofengitter legen und 35 bis 40 Minuten rosa garen.

3 Inzwischen für das Gemüse die Bohnen putzen und schräg in 1 bis 2 cm breite Stücke schneiden. In Salzwasser etwa 8 Minuten fast weich kochen, in kaltem Wasser abschrecken und in einem Sieb abtropfen lassen. Die Austernpilze putzen, klein schneiden und in einer großen Pfanne bei mittlerer Hitze im Öl 2 bis 3 Minuten braten. Mit Salz, Pfeffer, 1 Prise Kümmel und Zitronenschale würzen.

4 Die Brühe mit dem geräucherten Paprikapulver, dem Knoblauch und der Zitronenschale in eine tiefe Pfanne geben und die Bohnen darin erhitzen. Die Austernpilze mit dem Dill dazugeben und die Pfanne vom Herd ziehen. Das Gemüse mit Salz würzen und die Butter unterrühren. Zum Schluss den Knoblauch und die Zitronenschale wieder entfernen.

5 Die Steaks mit dem Olivenöl einpinseln, salzen, pfeffern und auf vorgewärmte Teller legen. Das Bohnen-Austernpilz-Gemüse daneben anrichten.

> Varianten zum Gewichthalten

430 kcal *Mit 200 g Salz- oder Pellkartoffeln pro Portion wird dieses Gericht noch sättigender.*

415 kcal *Dazu passen aber auch Bratkartoffeln. Dann aber nur 150 g Kartoffeln pro Portion verwenden, diese in Scheiben schneiden und in ½ TL Öl anbraten.*

Rosa gebratener Lammrücken

auf Bohnengemüse mit Zitronen-Chili-Dip

Zutaten für 2 Personen:

Für das Fleisch: ½ TL Öl · 300 g Lammrückenfilet (ausgelöst, bzw. Lammlachs) · mildes Chilisalz

Für das Gemüse: 300 g grüne Bohnen · Salz · 2 Tomaten · 4 EL Geflügelbrühe · 1 Knoblauchzehe (in Scheiben) · 1 Scheibe Ingwer · gemahlener Koriander · Paprikapulver (edelsüß) · ½ TL Bohnenkraut · ¼ Vanilleschote (ausgekratzt) · 1 Splitter Zimtrinde · 1 TL Olivenöl · schwarzer Pfeffer aus der Mühle · 1 TL Dill (frisch geschnitten)

Für den Dip: 60 g griechischer Joghurt · 1 EL Geflügelbrühe · einige Tropfen Zitronensaft · ½ TL abgeriebene unbehandelte Zitronenschale · Zucker · mildes Chilisalz

> Variante zum Gewichthalten

315 kcal *Mischen Sie je Esser noch 40 g rote Bohnen (aus der Dose) unter das Gemüse und erwärmen Sie diese.*

290 kcal pro Portion

Eiweiß: 36 g · Fett: 11 g · Kohlenhydrate: 11 g
Ballaststoffe: 4 g · Zubereitung: 45 Min.

1 Für das Fleisch den Backofen auf 100 °C vorheizen. Ein Ofengitter auf die mittlere Schiene und darunter ein Abtropfblech schieben.

2 Eine Pfanne bei mittlerer Temperatur erhitzen und das Öl mit einem Pinsel darin verteilen. Den Lammrücken darin rundherum etwa 3 Minuten anbraten. Das Lammfleisch auf das Ofengitter legen und etwa 40 Minuten rosa garen. Das Fleisch mit Chilisalz würzen.

3 Die Bohnen putzen und schräg in etwa 3 cm lange Stücke schneiden. In Salzwasser blanchieren, in kaltem Wasser abschrecken und in einem Sieb abtropfen lassen. Die Tomaten waschen, halbieren, den Stielansatz und das Kerngehäuse herausschneiden. Die Kerne in einen hohen Rührbecher geben und mit dem Stabmixer pürieren. Durch ein Sieb passieren und dabei den Saft auffangen. Das Tomatenfruchtfleisch in Würfel schneiden.

4 Die Brühe mit dem Tomatensaft, Knoblauch, Ingwer, je 1 Prise Koriander und Paprikapulver sowie Bohnenkraut, Vanilleschote und Zimtrinde erhitzen. Die Bohnen dazugeben und ebenfalls erhitzen. Die Tomatenwürfel mit dem Öl unterrühren und alles mit Salz, Pfeffer und Dill verfeinern. Die ganzen Gewürze wieder entfernen.

5 Für den Dip den Joghurt mit der Brühe verrühren und mit einigen Tropfen Zitronensaft, der Zitronenschale sowie je 1 Prise Zucker und Chilisalz würzen.

6 Das Gemüse auf vorgewärmte Teller verteilen, den Lammrücken schräg in Scheiben schneiden, darauflegen und den Chili-Zitronen-Dip darum herumträufeln.

Marokkanische Lammschnitzel

auf Krautfleckerln mit Minze-Dill-Sauce

345 kcal pro Portion
Eiweiß: 34,5 g · Fett: 17 g · Kohlenhydrate: 14 g
Ballaststoffe: 5 g · Zubereitung: 20 Min.

1 Für die Sauce den Joghurt mit der Brühe verrühren. Den Dill und die Minze unterrühren und den Joghurt mit einigen Tropfen Zitronensaft, Salz, je 1 Prise Zucker und Chili würzen.

2 Für die Krautfleckerl den Weißkohl putzen, die äußeren Blätter entfernen und den Strunk herausschneiden. Den Weißkohl in Rauten schneiden. Einen großen Topf erhitzen, den Kohl hineingeben und die Brühe angießen. Das Gemüse zugedeckt 10 bis 15 Minuten dünsten, dabei häufiger umrühren. Den Apfelsaft angießen und etwas einköcheln lassen. Zitronenschale, Petersilie und Olivenöl hinzufügen und mit Chilisalz würzen.

3 Für das Lammschnitzel das Fleisch in dünne Schnitzel schneiden und zwischen zwei Stücken Frischhaltefolie mit der flachen Seite eines Schnitzelklopfers etwas nachklopfen.

4 Eine große Pfanne bei mittlerer Temperatur erhitzen und das Öl mit einem Pinsel darin verteilen. Die Lammschnitzel darin auf beiden Seiten insgesamt etwa 3 Minuten anbraten und aus der Pfanne nehmen. Den Bratensatz mit der Brühe ablöschen, das Ras-el-Hanout unterrühren und alles auf 3 bis 4 EL einköcheln lassen. Die Pfanne vom Herd nehmen und die Butter unter die Sauce rühren. Die Lammschnitzel darin wenden und, falls nötig, nochmals abschmecken.

5 Das Kraut auf vorgewärmte Teller verteilen, die Schnitzel daneben oder darauf anrichten und die Minze-Dill-Sauce darum herumträufeln.

Zutaten für 2 Personen:

Für die Sauce: 60 g griechischer Joghurt · 1 EL Gemüsebrühe · ½ TL Dill (frisch geschnitten) · ½–1 TL Minze (frisch geschnitten) · Zitronensaft · Salz · Zucker · mildes Chilipulver

Für die Krautfleckerl: 1 Kopf junger Weißkohl (ca. 800 g) · 150 ml Geflügelbrühe · 70 ml Apfelsaft · 1 Msp. abgeriebene unbehandelte Zitronenschale · 1 TL Petersilie (frisch geschnitten) · 1 TL Olivenöl · mildes Chilisalz

Für das Schnitzel: 300 g Oberschale vom Lamm (küchenfertig) · ½ TL Öl · 80 ml Geflügelbrühe · 1 gestr. TL Ras-el-Hanout · 1 TL kalte Butter (5 g)

> Variante zum Gewichthalten

375 kcal *Rühren Sie pro Person 1 EL gegarten Bulgur (ca. 20 g) in die fertigen Krautfleckerl.*

Gemüsepfanne

mit Lammbolognese

350 kcal pro Portion
Eiweiß: 30,5 g · Fett: 9 g · Kohlenhydrate: 27 g
Ballaststoffe: 6,5 g · Zubereitung: 1 Std. 40 Min.

Zutaten für 2 Personen:

1 Zwiebel (80 g) · 2 Kartoffeln (ca. 200 g) · 100 g Knollensellerie · 1 große Karotte (ca. 150 g) · 1 TL Öl · 250 g mageres Lammhackfleisch (aus Schulter oder Keule) · 1 EL Tomatenmark · 125 ml Rotwein · 400 ml Geflügelbrühe · 1 EL Baharat (ersatzweise Berbere oder Steak- und Grillgewürz) · mildes Chilisalz

1 Die Zwiebel schälen und in kleine Würfel schneiden. Die Kartoffeln und den Sellerie schälen und in 2 ½ cm große Stücke schneiden. Die Karotte putzen, schälen und ebenfalls in 2 ½ cm große Stücke schneiden.

2 Eine Pfanne bei mittlerer Temperatur erhitzen und ½ TL Öl darin mit einem Pinsel verteilen. Das Hackfleisch unter Rühren darin krümelig braten und herausnehmen.

3 Das restliche Öl mit einem Pinsel in der Pfanne verteilen und die Zwiebelwürfel darin andünsten. Das Tomatenmark dazugeben und etwas mitbraten, bis es sich am Pfannenboden braun anlegt. Mit Rotwein ablöschen und sämig einköcheln lassen. Das angebratene Hackfleisch mit den Gemüsestücken dazugeben und mit Brühe aufgießen. Unter häufigem Rühren 1 Stunde mehr ziehen als kochen lassen.

4 Zum Schluss das Baharat unterrühren, die Gemüsepfanne mit Chilisalz würzen und noch einige Minuten ziehen lassen. Falls nötig, nochmals abschmecken.

5 Die Gemüsepfanne mit Lammbolognese zum Servieren auf vorgewärmte tiefe Teller verteilen.

> Varianten zum Gewichthalten

365 kcal *Zum Servieren je 1 EL Joghurt auf das Gericht träufeln, so wird die Bolognese noch verfeinert. Mit fettarmem Joghurt (1,5 %) ergibt das rund 365 kcal, mit griechischem Joghurt (10 % Fett) etwa 385 kcal.*

430 kcal *Eine feine Beilage ist der Salat, der zum Schinkenomelett (siehe Seite 68) zubereitet wird. Er erhöht den Kaloriengehalt um rund 80 kcal pro Portion.*

Kalamari-Gemüse-Gröstel

mit Bohnen und Cocktailtomaten

420 kcal pro Portion
Eiweiß: 22,5 g · Fett: 28 g · Kohlenhydrate: 19 g
Ballaststoffe: 4 g · Zubereitung: 30 Min.

Zutaten für 2 Personen:

300 g Kalamari · 150 g breite Bohnen · 1 Karotte · Salz · 100 g Cocktailtomaten · 1 weiße Zwiebel · 1 EL Olivenöl · 1–2 TL Petersilie (frisch geschnitten) · ½–1 TL Aglio e olio Gewürz (ersatzweise 1 kleine gehackte Knoblauchzehe, ½ TL fein geriebener Ingwer und 1 Prise milde Chiliflocken) · je 1 kleine Prise getr. Thymian, Bohnenkraut, Oregano, Majoran und gemahlener Koriander

1 Für die Kalamari jeweils den Kopf und die Arme (Tentakeln) mitsamt den Eingeweiden aus dem Körperbeutel (Tuben) ziehen. Die Arme knapp unter den Augen so vom Kopf abtrennen, dass sie noch durch einen dünnen Ring verbunden bleiben. Die Tentakel so in beide Hände nehmen, dass der Schnabel oben liegt. Das Kauwerkzeug von unten herausdrücken. Das durchsichtige Fischbein aus dem Körperbeutel ziehen und die dünne Haut entfernen. Tentakel und Tuben gründlich waschen und trocken tupfen. Die Tuben in 3 cm große Stücke schneiden und die Tentakel zerkleinern.

2 Die Bohnen waschen, putzen und schräg in etwa 1 ½ cm breite Stücke schneiden. Die Karotte putzen, schälen und in 4 bis 5 mm dicke Scheiben schneiden. Die Karottenscheiben und die Bohnen nacheinander in Salzwasser gerade weich kochen, in kaltem Wasser abschrecken und in einem Sieb abtropfen lassen.

3 Die Cocktailtomaten waschen und halbieren. Die Zwiebel schälen, halbieren und in 1 ½ cm große Stücke schneiden. Eine Pfanne erhitzen und ½ TL Olivenöl darin verteilen. Die Zwiebel darin bei milder Hitze 5 bis 10 Minuten sanft anbraten.

4 Eine große Pfanne bei mittlerer Temperatur erhitzen und ½ TL Olivenöl mit einem Pinsel darin verteilen. Die Kalamari darin etwa 1 Minute anbraten. Bohnen, Karottenscheiben, Cocktailtomaten und Zwiebel mit der Petersilie dazugeben und mit Aglio e olio Gewürz, Thymian, Bohnenkraut, Oregano, Majoran, Koriander und Salz würzen. Alles erneut kurz erhitzen, das restliche Olivenöl darüberträufeln und das Kalamari-Gemüse-Gröstel auf vorgewärmten Tellern anrichten.

> Varianten zum Gewichthalten

550 kcal *Servieren Sie dazu 150 g Bratkartoffeln pro Portion. Die Kartoffeln schälen, vorkochen, abkühlen lassen und in Würfel schneiden. Die Kartoffelwürfel in wenig Fett (½ TL) in einer Pfanne kross braten.*

525 kcal *Für ein Nudelgericht für 2 Personen wird das Kalamari-Gemüse-Gröstel unter 150 g gegarte Vollkornnudeln gezogen.*

Garnelencurry

mit Paprika und Fenchel

330 kcal pro Portion

Eiweiß: 32,5 g · Fett: 15 g · Kohlenhydrate: 15 g
Ballaststoffe: 6,5 g · Zubereitung: 30 Min.

Zutaten für 2 Personen:

½ Zwiebel · 1 kleine rote Paprikaschote · 1 kleine Fenchelknolle (ca. 250 g) · 1 gestr. TL brauner Zucker · 1–2 TL Tomatenmark · 400 ml Fischfond · 4 EL Sahne · 1 Knoblauchzehe (in Scheiben) · 2 hauchdünne, geschälte Ingwerscheiben · Mark von ¼ Vanilleschote · 1 TL mildes Currypulver · ¼ TL geräuchertes Paprikapulver (ersatzweise je 1 Prise Räuchersalz und milde Chiliflocken) · 1 geh. TL Speisestärke · 2 Frühlingszwiebeln · 70 g Zucchini · 60 g stückige Tomaten (aus der Dose) · 1 TL Petersilie (frisch geschnitten) · 1 Msp. abgeriebene unbehandelte Zitronenschale · Salz · 300 g Riesengarnelen

1 Die Zwiebel schälen und fein würfeln. Die Paprikaschote halbieren, entkernen, mit einem Sparschäler schälen und in kleine Würfel schneiden. Den Fenchel putzen, waschen und mitsamt dem Strunk ebenfalls in kleine Würfel schneiden.

2 In einem Topf den braunen Zucker bei mittlerer Hitze schmelzen lassen. Zwiebel und Paprika mit dem Fenchel hinzufügen und etwas darin andünsten. Das Tomatenmark unterrühren und etwas anbraten, mit Fischfond aufgießen und um ein Drittel einköcheln lassen.

3 Die Sahne mit Knoblauch, Ingwer, Vanille und Curry dazugeben. Das Paprikapulver mit etwas kaltem Wasser glatt rühren und in das Gemüse rühren. Die Speisestärke mit etwas kaltem Wasser glatt rühren und in den köchelnden Sud rühren, bis er leicht sämig bindet.

4 Die Frühlingszwiebeln putzen, waschen und schräg in ½ cm große Stücke schneiden. Die Zucchini waschen, putzen und in ½ cm große Würfel schneiden. Frühlingszwiebeln, Zucchiniwürfel und Tomaten zum Curry geben und erhitzen. Die Petersilie und die Zitronenschale unter die Sauce rühren und mit Salz abschmecken.

5 Die Garnelen schälen, am Rücken entlang einschneiden und den dunklen Darm entfernen. Die Garnelen waschen, trocken tupfen und längs halbieren. In einem Topf Salzwasser aufkochen und vom Herd nehmen. Die Garnelen ins Wasser geben, 2 Minuten ziehen lassen, in ein Sieb abgießen und unter das Currygericht mischen. Das Garnelencurry auf tiefe Teller verteilen.

> Variante zum Gewichthalten

420 kcal *Für Pilawreis als Beilage je Person 25 g Reis mit etwa 50 ml Geflügelbrühe aufkochen und zugedeckt bei milder Hitze 15 bis 20 Minuten ausquellen lassen.*

Blumenkohlcurry

mit Mango und Heilbutt

320 kcal pro Portion
Eiweiß: 36 g · Fett: 13 g · Kohlenhydrate: 12 g
Ballaststoffe: 7,5 g · Zubereitung: 25 Min.

1 Für den Fisch den Backofen auf 100 °C vorheizen. Den Heilbutt waschen, trocken tupfen und in 2 bis 3 cm große Würfel schneiden, nebeneinander auf ein mit Backpapier belegtes Backblech setzen und Frischhaltefolie darüberspannen. Den Fisch im Ofen etwa 15 Minuten saftig durchziehen lassen, mit dem Öl bepinseln und mit Chilisalz würzen.

2 Für das Curry den Blumenkohl waschen, putzen und in kleine Röschen teilen, den Strunk schälen und in Scheiben schneiden. Blumenkohlröschen und -stiele in kochendem Salzwasser bissfest kochen, in kaltem Wasser abschrecken und in einem Sieb abtropfen lassen.

3 Den Knoblauch sowie den Ingwer schälen und klein schneiden. Die Brühe mit der Kokosmilch in einem Topf erhitzen, Knoblauch und Ingwer darin etwa 5 Minuten am Siedepunkt ziehen lassen. Das Currypulver und die Limettenschale dazugeben.

4 Die Mango schälen, klein schneiden, mit der Butter zur Brühemischung geben und alles mit dem Stabmixer pürieren. Die Speisestärke mit wenig kaltem Wasser glatt rühren und unter Rühren in die leicht köchelnde Sauce geben. Die Sauce mit Chilisalz abschmecken.

5 Den vorbereiteten Blumenkohl in der Currysauce erwärmen. Das Blumenkohlcurry auf vorgewärmte Teller verteilen und die Heilbuttstücke dazwischensetzen. Mit Schnittlauch bestreuen.

Zutaten für 2 Personen:

Für den Fisch: 250 g Heilbuttfilet · 1 TL Olivenöl · mildes Chilisalz

Für das Curry: ½ Kopf Blumenkohl (ca. 500 g) · Salz · ½ kleine Knoblauchzehe · 1 Scheibe Ingwer · ¼ l Geflügelbrühe · 50 g fettarme Kokosmilch · 1 TL mildes Currypulver · ½ TL abgeriebene unbehandelte Limettenschale · 50 g reife Mango · 1 TL kalte Butter (5 g) · 1 TL Speisestärke · mildes Chilisalz · 1–2 TL Schnittlauchröllchen

> Variante zum Gewichthalten

445 kcal *Rechnen Sie für dieses Gericht pro Person 100 g gekochten Naturreis als Beilage. Dieser enthält neben vielen Kohlenhydraten und Ballaststoffen auch reichlich Mineralstoffe und Vitamine.*

Saibling in der Folie

mit Currykartoffeln

330 kcal pro Portion
Eiweiß: 33 g · Fett: 9 g · Kohlenhydrate: 29 g
Ballaststoffe: 2,5 g · Zubereitung: 35 Min.

Zutaten für 2 Personen:

Für den Fisch: 2 Saiblinge (à ca. 300 g; küchenfertig) · mildes Chilisalz · einige Petersilienblätter · 4 Scheiben Ingwer · 4 Scheiben Knoblauch · 2 Streifen unbehandelte Zitronenschale · 2 EL Geflügelbrühe

Für die Kartoffeln: 350 g Kartoffeln · ½ l Geflügelbrühe · 1 gestr. TL mildes Currypulver

Zum Anrichten: 2 TL mildes Olivenöl · ¼ Zitrone (in 2 Spalten geschnitten) · mildes Chilisalz

1 Für den Fisch die Saiblinge innen und außen waschen, trocken tupfen und die Bauchhöhle mit Chilisalz würzen. Den Backofen auf 160 °C vorheizen.

2 Zwei ausreichend große Bögen Alufolie zurechtschneiden und je 1 Fisch mittig darauflegen. Petersilie, Ingwer, Knoblauch und Zitronenschale in den Bauchhöhlen verteilen. Je 1 EL Brühe oder Wasser über die Fische träufeln, die Alufolie darüber zusammenfalten und verschließen.

3 Die Saiblinge im Ofen auf der mittleren Schiene etwa 30 Minuten garen. Die Fische sind gar, wenn sich die Rückenflossen herausziehen lassen.

4 Inzwischen die Kartoffeln schälen und in der Brühe weich kochen. 5 bis 10 Minuten vor Ende der Garzeit das Currypulver dazugeben. Die Kartoffeln aus der Brühe nehmen und die Currybrühe durch ein mit Küchenpapier ausgelegtes Sieb gießen.

5 Die Fische aus der Folie nehmen und auf vorgewärmten Tellern anrichten. Die Saiblinge mit dem Olivenöl und etwas Zitronensaft beträufeln und nach Belieben mit etwas Chilisalz würzen. Die Kartoffeln dazureichen. Die Currybrühe vorweg als Trinkbrühe servieren.

> Varianten zum Gewichthalten

415 kcal *Dazu passt Blattsalat oder der Gurken-Ingwer-Salat mit Dill aus dem Rezept von Seite 95.*

450 kcal *Auch der Gemüsesalat von den Hendlpflanzerln (siehe Seite 124) ist eine wunderbare Ergänzung zum Saibling in der Folie.*

Kross gebratener Zander

auf Paprika-Pfeffer-Kraut

285 kcal pro Portion
Eiweiß: 32,5 g · Fett: 11 g · Kohlenhydrate: 13 g
Ballaststoffe: 8 g · Zubereitung: 25 Min.

Zutaten für 2 Personen:

Für das Kraut: je 1 gelbe und rote Paprikaschote · ½ Zwiebel · 250 g junger Weißkohl · ½ TL Öl · ½ Knoblauchzehe (in Scheiben) · 1 Scheibe Ingwer · 100 ml Geflügelbrühe · ½ TL Paprikapulver (edelsüß) · ¼ TL geräuchertes scharfes Paprikapulver (z. B. Piment La Vera picante; ersatzweise je 1 Prise Räuchersalz und milde Chiliflocken) · Salz · 1 Prise frisch gemahlene Korianderkörner · 1 Prise Bohnenkraut · 1–2 TL Petersilie (frisch geschnitten) · 2 TL Olivenöl

Für den Fisch: 300 g Zanderfilet (mit Haut, entgrätet) · 1 TL Öl · mildes Chilisalz

1 Für das Kraut die Paprikaschoten vierteln, entkernen und waschen. Die Paprika mit einem Sparschäler schälen und in Rauten schneiden. Die Zwiebel schälen und in kleine Würfel schneiden.

2 Den Weißkohl putzen, die äußeren Blätter entfernen und den Strunk herausschneiden. Den Weißkohl in etwa 2 cm große Stücke schneiden. Eine tiefe Pfanne erhitzen, das Öl mit einem Pinsel darin verteilen und den Kohl darin anbraten. Paprika, Zwiebel, Knoblauch und Ingwer dazugeben, die Brühe angießen und das Gemüse zugedeckt 10 bis 15 Minuten weich dünsten.

3 Für den Fisch das Zanderfilet in 4 gleich große Stücke schneiden. Eine Pfanne bei mittlerer Temperatur erhitzen und das Öl mit einem Pinsel darin verteilen. Den Fisch mit der Hautseite nach unten einlegen und 3 bis 4 Minuten kross anbraten. Den Fisch wenden, die Pfanne vom Herd nehmen, und den Fisch in der Nachhitze der Pfanne glasig durchziehen lassen. Auf Küchenpapier abtropfen lassen und mit Chilisalz würzen.

4 Für das Kraut beide Sorten Paprikapulver mit etwa 1 EL Wasser glatt rühren und unter das Gemüse ziehen. Mit Salz, Koriander und Bohnenkraut würzen und die Petersilie dazugeben. Zuletzt das Olivenöl unterrühren.

5 Das Paprika-Pfeffer-Kraut auf vorgewärmten Tellern anrichten und jeweils 2 Zanderstücke daraufsetzen.

> Varianten zum Gewichthalten

430 kcal *Servieren Sie dazu Salzkartoffeln: Pro Person 200 g Kartoffeln schälen und in Salzwasser etwa 20 Minuten gar kochen. Abgießen und abdämpfen lassen.*

310 kcal *Mischen Sie pro Person 40 g abgetropfte rote Bohnen (aus der Dose) unter das Kraut.*

Gedämpfter Rotbarsch

auf Fenchel-Safran-Gemüse mit Mangold

355 kcal pro Portion

Eiweiß: 38,5 g · Fett: 16 g · Kohlenhydrate: 13 g
Ballaststoffe: 14 g · Zubereitung: 30 Min.

Zutaten für 2 Personen:

Für das Gemüse: 500 g Fenchelknolle · 100 g kleine Schalotten · 125 ml Geflügelbrühe · 10 Safranfäden · 150 g Mangold · Salz · 100 g Cocktailtomaten · ½ Knoblauchzehe · 1 TL Olivenöl · 1 Scheibe Ingwer · 1 Prise frisch gemahlener Koriander · 1 kleine Prise Bohnenkraut

Für den Dip: 2 EL Gemüsedünstsud · 1 Msp. fein geriebener Ingwer · 1 Prise frisch gemahlener Koriander · 1 kleine Prise Bohnenkraut · 80 g griechischer Joghurt · Salz

Für den Fisch: 2 Rotbarschfilets (à 150 g, entgrätet) · ½ TL Öl · 1 TL Olivenöl · mildes Chilisalz

> Variante zum Gewichthalten

380 kcal *Ziehen Sie pro Person 1 EL (ca. 20 g) gekochte rote Linsen unter das Gemüse.*

1 Für das Gemüse den Fenchel putzen, waschen, halbieren und in ½ cm dicke Scheiben schneiden. Das Fenchelgrün beiseitestellen. Die Schalotten schälen und halbieren. Beide Gemüsesorten mit der Brühe in einen Topf geben und den Safran hinzufügen. Das Gemüse zugedeckt knapp unter dem Siedepunkt 10 Minuten weich ziehen lassen, zwischendurch ab und zu umrühren.

2 In der Zwischenzeit die Mangoldblätter waschen, die grünen Blätter von den Stielen schneiden. Die Blätter in etwa 1 cm breite Streifen, die Stiele in 1 cm breite Stücke schneiden. Zuerst die Stiele, dann die Blätter in Salzwasser bissfest blanchieren, in kaltem Wasser abschrecken und in einem Sieb abtropfen lassen. Die Cocktailtomaten waschen und quer halbieren. Den Knoblauch schälen und in Scheiben schneiden.

3 Mangold und Tomaten mit dem Knoblauch in das Fenchelgemüse geben, das Öl hinzufügen, mit Ingwer, Koriander, Bohnenkraut und Salz würzen.

4 Für den Dip 2 EL vom Gemüsedünstsud abnehmen, mit Ingwer, Koriander und Bohnenkraut verfeinern, mit dem Joghurt glatt rühren und mit Salz abschmecken.

5 Für den Fisch die Rotbarschfilets waschen und trocken tupfen. In einem Dämpftopf etwa 2 cm hoch Wasser aufkochen lassen.

6 Den Dämpfeinsatz mit dem Öl einpinseln, in den Topf setzen und die Rotbarschfilets darauflegen. Zugedeckt bei milder Hitze je nach Dicke der Filets 8 bis 10 Minuten dämpfen. Am Ende der Garzeit die Rotbarschfilets mit Olivenöl bestreichen und mit Chilisalz würzen.

7 Das Gemüse auf vorgewärmte Teller verteilen und die Rotbarschfilets darauf anrichten. Den Dip darum herumträufeln. Nach Belieben mit Fenchelgrün bestreuen.

Forelle aus dem Ofen

auf Tomaten-Auberginen-Ragout

380 kcal pro Portion
Eiweiß: 45 g · Fett: 11 g · Kohlenhydrate: 23 g
Ballaststoffe: 5 g · Zubereitung: 30 Min.

1 Für den Fisch den Backofen auf 120 °C vorheizen. Die Forellen innen und außen waschen, trocken tupfen. Die Forellen innen mit Chilisalz würzen und mit je 1 Zweig Thymian, 2 Knoblauchzehenhälften und 1 Streifen Zitronenschale füllen. Fische in doppelgriffigem Mehl wenden und in einer Pfanne im Öl nacheinander auf beiden Seiten etwa 4 Minuten anbraten. Auf einem Backblech im Ofen auf der mittleren Schiene 20 Minuten saftig garen. Die Forellenhaut vor dem Verzehr entfernen.

2 Für das Ragout ½ Zwiebel schälen und in kleine Würfel schneiden. Die Zwiebelwürfel in 50 ml Brühe weich köcheln, bis diese verkocht ist. Den Knoblauch schälen, in dünne Scheiben schneiden und mit 100 ml Brühe und den passierten Tomaten zu den Zwiebeln geben. 10 Minuten am Siedepunkt ziehen lassen und anschließend mit dem Stabmixer pürieren. Ras-el-Hanout dazugeben und mit Chilisalz und 1 Prise Zucker würzen.

3 Die Cocktailtomaten waschen und halbieren. Die Zucchini putzen, waschen und in 1 cm große Würfel schneiden, die restliche Zwiebel schälen und in 1 cm große Stücke schneiden. Die Aubergine waschen und in 1 bis 1 ½ cm große Würfel schneiden.

4 Eine große Pfanne bei mittlerer Temperatur erhitzen und ½ TL Olivenöl mit einem Pinsel darin verteilen. Zucchini darin farblos anbraten und herausnehmen. 1 TL Öl in die Pfanne geben, die Auberginenwürfel darin goldbraun anbraten und herausnehmen. Die Zwiebeln in die Pfanne geben, die restliche Brühe dazugeben und die Zwiebeln bei milder Hitze dünsten, bis die Flüssigkeit verkocht ist. Tomatensauce, Auberginen, Zucchini und Cocktailtomaten dazugeben und mit Chilisalz würzen. Gemüse auf vorgewärmte Teller verteilen und die Forellen daneben anrichten. Mit Zitronenspalten servieren.

Zutaten für 2 Personen:

Für den Fisch: 2 Forellen (à ca. 300 g; küchenfertig) · mildes Chilisalz · 2 Zweige Thymian · 2 Knoblauchzehen (halbiert) · 2 Streifen unbehandelte Zitronenschale · 50 g doppelgriffiges Mehl · 2 EL Öl · Zitronenspalten zum Servieren

Für das Ragout: 1 ½ Zwiebeln (ca. 300 g) · 200 ml Geflügelbrühe · 1 Knoblauchzehe · 200 g passierte Tomaten (aus der Dose) · 1–2 TL Ras-el-Hanout · mildes Chilisalz · Zucker · 100 g kleine Cocktailtomaten · 150 g Zucchini · ½ Aubergine (150 g) · 1 ½ TL Öl

> Variante zum Gewichthalten

515 kcal *Falls es nur darum geht, das Gewicht zu halten, können Sie die Forellen natürlich auch mit der Haut verzehren. Dadurch erhöht sich der Fettgehalt des Gerichts von 11 g auf etwa 26 g pro Portion.*

Lachsfilet

auf Limettenspinat

425 kcal pro Portion
Eiweiß: 33,5 g · Fett: 31 g · Kohlenhydrate: 2 g
Ballaststoffe: 3,5 g · Zubereitung: 15 Min.

Zutaten für 2 Personen:

Für den Fisch: ½ TL Öl · 2 Lachsfilets (à 150 g, ohne Haut und graue Fettschicht, entgrätet) · mildes Chilisalz

Für den Spinat: 400 g Babyspinat · 4 EL Geflügelbrühe · ½–1 TL Aglio e olio Gewürz (ersatzweise 1 kleine gehackte Knoblauchzehe, ½ TL fein geriebener Ingwer und 1 Prise milde Chiliflocken) · 4 EL Sahne · ½–1 TL abgeriebene unbehandelte Limettenschale · Salz · frisch geriebene Muskatnuss

Für die Variante mit Paprika: 1 rote Paprikaschote

> Varianten zum Gewichthalten

530 kcal *Als Beilage eignen sich 150 g Kartoffeln pro Person, die zusätzlich Kohlenhydrate ins Spiel bringen.*

440 kcal *Für eine zusätzliche Portion Eiweiß können Sie pro Person 1 EL gekochte rote Linsen (ca. 20 g) unter den Spinat ziehen.*

455 kcal *Der Zusatz von ½ roten Paprikaschote pro Portion sorgt für einen Farbtupfer und für mehr Vitamine und Mineralstoffe (Zubereitung siehe rechts).*

1 Für den Lachs den Backofen auf 100 °C vorheizen. Eine Pfanne bei mittlerer Temperatur erhitzen und das Öl mit einem Pinsel darin verteilen. Den Lachs auf beiden Seiten darin je 1 bis 2 Minuten anbraten. Je ein Lachsfilet auf einen Servierteller setzen und 8 bis 10 Minuten im vorgeheizten Ofen saftig durchziehen lassen. Mit Chilisalz würzen.

2 Für den Limettenspinat den Spinat putzen, waschen und trocken schleudern. In einer tiefen Pfanne die Brühe mit Aglio e olio Gewürz erhitzen und die Spinatblätter darin 1 bis 2 Minuten andünsten. Die Sahne und die Limettenschale dazugeben und das Gemüse mit Salz und etwas frisch geriebener Muskatnuss würzen.

3 Den Spinat auf vorgewärmte Teller verteilen und die Lachsfilets darauf anrichten.

Für die Variante mit Paprika

1 Die Paprikaschote halbieren, putzen, entkernen und waschen. Die Paprikahälften mit dem Sparschäler schälen und in kleine Würfel schneiden.

2 Die Paprikawürfel in etwas Brühe andünsten, bis diese fast verkocht ist. Dann den Spinat dazugeben und fertigstellen wie oben beschrieben.

Schellfisch

auf Gurken-Spinat-Gemüse mit Senfdip

Zutaten für 2 Personen:

Für den Fisch und den Dip: 2 Schellfischfilets (à 150 g, ohne Gräten) · 2 TL Olivenöl · mildes Chilisalz · 80 g griechischer Joghurt · 1 EL Geflügelbrühe · 1 TL Dijonsenf · 1 TL süßer Senf · 1 Msp. abgeriebene unbehandelte Orangenschale

Für das Gemüse: 1 Salatgurke (ca. 400 g) · 250 g Babyspinat · 1 Knoblauchzehe · 80 ml Geflügelbrühe · 1 Scheibe Ingwer · mildes Chilisalz · 1 Prise frisch gemahlener Koriander · 1 Prise Bohnenkraut · je 1 Hauch Zimtrinde und Vanillepulver · frisch geriebene Muskatnuss · 1 TL Dill (frisch geschnitten) · 1 TL Olivenöl

> Variante zum Gewichthalten

430 kcal *100 g gegarter Couscous pro Person erhöhen den Gehalt an Kohlenhydraten und Ballaststoffen.*

290 kcal pro Portion

Eiweiß: 33,5 g · Fett: 13 g · Kohlenhydrate: 8 g
Ballaststoffe: 4 g · Zubereitung: 25 Min.

1 Für den Fisch den Backofen auf 100 °C vorheizen. Je 1 Schellfischfilet auf einen Teller legen, Frischhaltefolie darüberspannen und im vorgeheizten Ofen 15 bis 20 Minuten saftig durchziehen lassen. Die Folie abnehmen, den Fisch mit je 1 TL Olivenöl bepinseln und mit Chilisalz würzen.

2 Für das Gemüse die Gurke schälen, längs halbieren, mit einem Löffel entkernen und in ½ bis 1 cm breite Halbmonde schneiden. Den Spinat putzen, waschen und trocken schleudern. Den Knoblauch schälen und in Scheiben schneiden.

3 Die Brühe in eine tiefe Pfanne geben und die Gurken darin etwa 2 Minuten bissfest dünsten. Die Spinatblätter mit Knoblauch und Ingwer dazugeben und 1 bis 2 Minuten dünsten, bis die Blätter zusammenfallen. Ingwer entfernen, das Gemüse mit Chilisalz, Koriander, Bohnenkraut, Zimt und Vanillepulver und etwas Muskatnuss würzen. Den Dill und das Olivenöl unterrühren.

4 Für den Senfdip den Joghurt mit der Brühe, den beiden Senfsorten und der Orangenschale glatt rühren. Mit Chilisalz würzen.

5 Das Gurken-Spinat-Gemüse neben den Schellfischfilets auf den Tellern anrichten und den Dip darum herumträufeln.

Gebratene Scholle

mit Kartoffeln und Blattsalat

330 kcal pro Portion
Eiweiß: 33,5 g · Fett: 7 g · Kohlenhydrate: 33 g
Ballaststoffe: 3,5 g · Zubereitung: 30 Min.

1 Die Kartoffeln schälen, halbieren oder vierteln und zugedeckt in leicht gesalzenem Wasser mit dem Lorbeerblatt und dem Aglio e olio Gewürz 20 bis 30 Minuten weich köcheln. Die Kartoffeln abgießen und das Lorbeerblatt entfernen.

2 Für den Fisch die Schollenfilets waschen und trocken tupfen. Eine Pfanne bei mittlerer Temperatur erhitzen und das Öl mit einem Pinsel darin verteilen. Die Schollenfilets auf beiden Seiten je 1 bis 2 Minuten anbraten, die Pfanne vom Herd nehmen und die Filets in der Nachhitze saftig durchziehen lassen. Die Filets mit etwas Chilisalz würzen.

3 Für den Salat die Brühe mit dem Essig, dem Senf und dem Öl verrühren. Mit Chilisalz und 1 Prise Zucker würzen. Die Salatblätter putzen, waschen, trocken schleudern und in der Vinaigrette wenden.

4 Die Scholle mit den Kartoffeln auf vorgewärmten Tellern anrichten und den Blattsalat daneben verteilen.

Zutaten für 2 Personen:

Für die Kartoffeln und den Salat: 400 g Kartoffeln · Salz · ½ Lorbeerblatt · ½ TL Aglio e olio Gewürz (ersatzweise 1 kleine gehackte Knoblauchzehe, ½ TL fein geriebener Ingwer und 1 Prise milde Chiliflocken) · 40 ml Gemüsebrühe · 1 EL Weißweinessig · ½ TL Dijonsenf · 1 EL Olivenöl · mildes Chilisalz · Zucker · 150 g gemischte Salatblätter

Für den Fisch: 300 g Schollenfilet (ohne Haut) · ½ TL Öl · mildes Chilisalz

> Variante zum Gewichthalten

440 kcal *Wenn Sie pro Person noch 1 EL braune Butter über die Kartoffeln träufeln, erhalten Sie eine nussige Note. Das Fett erhöht natürlich den Kaloriengehalt.*

> DER KRÖNENDE ABSCHLUSS

Desserts

Muss ich, wenn ich nachhaltig abnehmen will, nicht konsequent auf verführerische Nachspeisen verzichten? Nein. Bei der Schuhbeck-Diät sind süße Sünden durchaus erlaubt. Hier zeige ich Ihnen, wie Sie vor allem mit Früchten der Saison, leichten Milchprodukten und süßen Zutaten vitaminreiche Gaumenkitzler zaubern können: Cremes, Sorbets oder frische Fruchtdesserts.

15 REZEPTE MIT SCHUHBECKS ENERGIEQUALITÄT ZUM GENUSSVOLLEN ABNEHMEN

Clever kombinieren:
Vielerlei mit Früchten

Sind Sie jemand, der bereit ist, auf vieles zu verzichten – nur nicht auf die Nachspeise? Die »Süßen« unter Ihnen kann ich beruhigen: Desserts kommen nicht automatisch mit viel Sahne, Zucker, Teig oder Schokolade daher. Mit etwas Fantasie lassen sie sich sogar von Kalorien- in Vital-Bomben verwandeln.

Obstsalat mit Magerquark als Basis ist natürlich ideal – der Quark ist geschmacksneutral, eiweißreich und füllt den Magen. Als Quarkschaum mit etwas Sahne schmeckt er noch vollmundiger. Wer eine frischere Note liebt, verwendet stattdessen Joghurt, auch hier die Magerstufe. Geschmacksträger sind Früchte: Sie liefern wundervolle Aromen und natürliche Süße. Und ihr Fruchtzucker baut sich im Körper langsamer ab als raffinierter Zucker. Das Obst sollte möglichst frisch sein oder kann auch – um saisonale Engpässe auszugleichen – aus dem Gefrierfach stammen. Tiefkühlobst verliert kaum Vitamine. Sie können auch Kompott verwenden, es dann aber bitte selbst herstellen und nicht zuckern. Obstkonserven erhalten in der Regel viel zu viel Zucker.

Für Schokoladenliebhaber: Verwenden Sie eine dunkle Variante. Sie enthält weniger Zucker und Milch, liefert aber wertvolle Antioxidanzien. Kalorienmäßig gewichtiger sind Nüsse, aber auch sie sind gesund und reine Nervennahrung. Und wer so richtig Lust auf eine Mehlspeise hat, kann das Obst auch in einen dünnen Pfannkuchen (50 g Mehl, 50 g Milch, 1 Ei, 10 g Butter) verpacken.

> Kombinationen mit Früchten

Früchte	+	Quark, Sahne und Nüsse	= 339 kcal
Früchte	+	Sahne und Schokolade	= 247 kcal
Früchte	+	Joghurt und Pfannkuchen	= 294 kcal

97 kcal
1 EL Nüsse
(Walnüsse, Mandeln, Pistazien)

83 kcal
150 g Joghurt
(1,5 % Fett)

91 kcal
30 g Sahne

78 kcal
150 g Früchte
(Ananas, Mango, Kiwi, Honigmelone, Papaya)

73 kcal
100 g Quark
(10 % Fett)

133 kcal
1 Pfannkuchen

78 kcal
1 EL geraspelte Zartbitterschokolade

Geeiste Melonensuppe
mit Minze

200 kcal pro Portion

Eiweiß: 3 g · Fett: 0 g · Kohlenhydrate: 44 g
Ballaststoffe: 2 g · Zubereitung: 15 Min.

Zutaten für 2 Personen:

½ vollreife Charentais- oder Cantaloupmelone (500 g) · 2 EL Orangensaft · 4 EL Maracujasaft (ersatzweise Orangensaft) · 1 EL Zitronensaft · 1 EL Zucker (15 g) · evtl. etwas Puderzucker zum Abschmecken · 1 TL Minzeblätter (fein geschnitten) · 2 Zweige Minze

1 Die Melone halbieren, die Kerne mit einem Löffel entfernen und aus dem Fruchtfleisch einige kleine Kugeln (insgesamt ca. 80 g) als Einlage ausstechen und beiseitestellen.

2 Das übrige Melonenfruchtfleisch (ca. 200 g) mit Orangensaft, Maracujasaft, Zitronensaft und Zucker in einem hohen Rührbecher mit dem Stabmixer pürieren.

3 Die Melonenkugeln in die Suppe legen und alles zugedeckt etwa 1 Stunde in den Kühlschrank stellen. Falls nötig, die Suppe kurz vor dem Servieren mit Zitronensaft und Puderzucker nochmals abschmecken.

4 Zum Servieren die Suppe in tiefen Tellern oder Schälchen anrichten und mit fein geschnittenen Minzeblättern bestreuen. Die Minzezweige waschen, trocken schütteln und die Suppe damit garnieren.

> Varianten zum Gewichthalten

325 kcal *Eine gute Ergänzung zur eisgekühlten Melonensuppe ist 1 Kugel Vanilleeis pro Portion.*

240 kcal *Besonders spritzig und erfrischend wird die Melonensuppe, wenn Sie kurz vor dem Servieren ½ Glas (50 ml) Prosecco pro Person unterrühren.*

Mangosorbet
mit Chili

120 kcal pro Portion
Eiweiß: 1 g · Fett: 1 g · Kohlenhydrate: 27 g
Ballaststoffe: 2,5 g · Zubereitung: 40 Min.

1 Den Zucker mit 150 ml Wasser in einem Topf aufkochen. Den Zuckersirup abkühlen lassen.

2 Das Mangofruchtfleisch mit einem scharfen Messer in großen Stücken vom Stein schneiden. Die Mangostücke schälen und klein schneiden.

3 Die Mangostücke mit dem Zuckersirup in einen hohen Rührbecher geben und mit dem Stabmixer pürieren. Die Fruchtmasse anschließend durch ein Sieb streichen. Mit Zitronensaft und eventuell noch etwas Puderzucker abschmecken und die Chiliflocken hineinstreuen.

4 Das Mangopüree in der Eismaschine zu einem cremigen Sorbet gefrieren lassen. Das Mangosorbet in eine gefrierfeste, eisgekühlte Schüssel füllen und mit Backpapier bedecken, das Papier sollte dabei direkt auf der Sorbetmasse liegen. Das Sorbet bis zum Servieren im Tiefkühlfach aufbewahren.

5 Zum Servieren Kugeln aus dem Mangosorbet ausstechen und in Eisbechern oder Schälchen anrichten.

Zutaten für ca. 1 Liter Sorbet (ca. 10 Portionen):
80 g Zucker · 2 kg vollreife Mangos · Saft von ½ – 1 Zitrone · Puderzucker zum Abschmecken · 1 TL milde Chiliflocken

> Varianten zum Gewichthalten

210 kcal *Servieren Sie das Sorbet in Eiswaffeln, die nur 90 kcal mehr pro Portion liefern.*

165 kcal *Jeweils 1 EL geschlagene Sahne pro Person passt optisch und geschmacklich sehr gut zu dem fruchtigen Sorbet.*

Orientalischer Fruchtsalat

mit Zitronen-Joghurt

160 kcal pro Portion
Eiweiß: 2 g · *Fett:* 4 g · *Kohlenhydrate:* 26 g
Ballaststoffe: 2,5 g · *Zubereitung:* 15 Min.

Zutaten für 2 Personen:

Für den Fruchtsalat: *100 g Ananas · ¼ Mango · ¼ Papaya (100 g) · 100 g Honigmelone · ½ Kiwi · 4 EL Granatapfelkerne · 1 Spritzer Zitronensaft · 1 TL Puderzucker · je 2 Prisen Zimtpulver und gemahlener Kardamom*

Für den Zitronen-Joghurt: *80 g griechischer Joghurt · einige Tropfen Zitronensaft · abgeriebene Schale von ¼ unbehandelten Zitrone · 1 TL Honig (10 g)*

Außerdem: *je 1 Prise Zimtpulver, gemahlener Kardamom und Vanillepulver*

Für die Variante mit Orangen-Bulgur (siehe Kasten unten): *1 geh. EL Bulgur (fein) · 70 ml Orangensaft (frisch gepresst) · 1 Streifen unbehandelte Orangenschale · 1 Scheibe Ingwer · ½ TL Vanillezucker · je 1 Prise Zimtpulver, gemahlener Kardamom und Vanillepulver*

1 Für den Fruchtsalat die Ananas schälen und den harten Strunk entfernen. Das Mangofruchtfleisch vom Stein schneiden und schälen. Die Papaya sowie die Honigmelone schälen und entkernen. Die Kiwi schälen. Die vorbereiteten Früchte in jeweils 1 bis 2 cm große Stücke schneiden.

2 Die Granatapfelkerne, den Zitronensaft, den Puderzucker, den Zimt und den Kardamom in einer Schüssel vermischen.

3 Für den Zitronen-Joghurt den griechischen Joghurt mit dem Zitronensaft, der Zitronenschale und dem Honig verrühren.

4 Den Fruchtsalat in Dessertgläsern oder auf Desserttellern anrichten und den Zitronen-Joghurt daraufgeben. Mit Zimtpulver, gemahlenem Kardamom und Vanillepulver bestreuen.

Variante mit Orangen-Bulgur

1 Den Bulgur mit Orangensaft, Orangenschale und Ingwer in einem Topf einmal aufkochen lassen, einen Deckel auflegen und knapp unter dem Siedepunkt etwa 15 Minuten gar ziehen lassen.

2 Die Orangenschale und den Ingwer wieder entfernen. Den Orangen-Bulgur mit Vanillezucker, Zimtpulver, gemahlenem Kardamom und Vanillepulver würzen und auf den Tellern neben dem Fruchtsalat anrichten.

> Varianten zum Gewichthalten

295 kcal *Fällt das Hauptgericht besonders leicht aus, ist pro Person 1 Pfannkuchen die perfekte Ergänzung zum Fruchtsalat. Ein Rezept finden Sie auf Seite 163.*

215 kcal *Sehr fein schmeckt auch süßer Orangen-Bulgur zu dem Fruchtsalat (Zubereitung siehe rechts).*

Rote Grütze

mit Buttermilch-Vanille-Sauce

190 kcal pro Portion

Eiweiß: 3 g · Fett: 5 g · Kohlenhydrate: 29 g
Ballaststoffe: 2,5 g · Zubereitung: 20 Min.

Zutaten für 2 Personen:

Für die Rote Grütze: 1 TL Speisestärke · 80 ml schwarzer Johannisbeersaft · 70 ml Kirschsaft · 1 EL Zucker · 250 g gemischte frische Beeren (z. B. Erdbeeren, Heidelbeeren, Himbeeren, Rote und Schwarze Johannisbeeren; ersatzweise tiefgefrorene Beeren)

Für die Sauce: 80 g Buttermilch · 2 EL Sahne · 1 TL Zucker · 1 TL Vanillezucker · 1 Msp. abgeriebene unbehandelte Orangenschale

Außerdem: Minzeblätter zum Garnieren

> Varianten zum Gewichthalten

315 kcal *Wer es ganz klassisch liebt, kann pro Portion noch 1 Kugel Vanilleeis zur Roten Grütze servieren.*

340 kcal *Statt der hellen Buttermilch-Vanille-Sauce schmeckt die etwas üppigere dunkle Schokomousse von Seite 155 auch sehr gut zur Grütze. Davon für 2 Personen dann allerdings nur die halbe Menge zubereiten und die Orangen weglassen.*

1 Für die Rote Grütze die Speisestärke mit 1 bis 2 EL Johannisbeersaft glatt rühren. Den restlichen Johannisbeersaft mit dem Kirschsaft und dem Zucker in einem Topf aufkochen lassen. Die angerührte Stärke unterrühren und bei milder Hitze 2 Minuten unter ständigem Rühren sanft köcheln lassen. Den Topf mit der Saftmischung vom Herd nehmen.

2 Die Beeren je nach Sorte verlesen oder putzen und waschen, Erdbeeren je nach Größe vierteln oder achteln. Zur Saftmischung geben und mindestens 10 Minuten durchziehen lassen. Bei der Verwendung von Tiefkühlbeeren diese direkt mit der heißen Saftmischung übergießen und mindestens 30 Minuten ziehen lassen.

3 Für die Buttermilch-Vanille-Sauce die Buttermilch mit der Sahne, dem Zucker, dem Vanillezucker und der Orangenschale glatt rühren.

4 Zum Servieren die Rote Grütze in Dessertgläsern anrichten und die Buttermilch-Vanille-Sauce darauf verteilen. Nach Belieben mit Minzeblättern garnieren.

Schokomousse auf Orangenscheiben

mit Chiliflocken

380 kcal pro Portion

Eiweiß: 7 g · Fett: 22 g · Kohlenhydrate: 35 g
Ballaststoffe: 7,5 g · Zubereitung: 30 Min.

Zutaten für 2 Personen:

Für die Schokomousse: 65 g dunkle Schokolade (72 % Kakaogehalt) · 65 g Sahne · 1 Eiweiß · Salz · 10 g Zucker

Für die Orangenscheiben: 2 kernlose Orangen · 1 TL Orangenlikör · milde Chiliflocken

1 Für die Schokomousse die Schokolade grob hacken und in einer Metallschüssel im heißen Wasserbad unter Rühren schmelzen.

2 Die Sahne steif schlagen. Das Eiweiß mit 1 Prise Salz und dem Zucker zu einem cremigen Schnee schlagen.

3 Die Hälfte des Eischnees in die warme Schokolade rühren, den Rest mit der Sahne unterheben. Die Schokoladenmasse in eine Schüssel füllen und zugedeckt etwa 2 Stunden in den Kühlschrank stellen.

4 Für die Orangenscheiben die Orangen mit einem scharfen Messer so großzügig schälen, dass auch die weiße Haut mit entfernt wird. Dann die Orangen in Scheiben schneiden.

5 Zum Servieren die Orangenscheiben leicht überlappend auf Dessertteller legen und mit dem Orangenlikör beträufeln.

6 Von der Schokomousse mit einem Esslöffel Nocken abstechen und auf die Orangenscheiben setzen, den Löffel dabei immer wieder in heißes Wasser tauchen. Die Mousse mit jeweils 1 Prise Chiliflocken bestreuen.

> Varianten zum Gewichthalten

410 kcal *Bestreuen Sie die Schokomousse zusätzlich noch mit 1 TL gehackten Pistazien pro Portion, die vor allem den Fettgehalt leicht erhöhen.*

460 kcal *Zu besonderen Anlässen ist pro Person 1 Hippe oder dünne Waffel die perfekte Ergänzung.*

Birnenspalten
mit Ingwer auf Schokosauce

250 kcal* *Eiweiß: 3,5 g · Fett: 11 g*
Kohlenhydrate: 34 g · Ballaststoffe: 4,5 g

Zutaten für 2 Personen:

50 ml Milch (1,5 % Fett) · 50 g klein gehackte Zartbitterkuvertüre (72 % Kakaoanteil) · ½ Streifen unbehandelte Orangenschale · 2 kleine reife Birnen (à ca. 175 g) · 1 TL Butter · 2 Scheiben Ingwer · 1 TL Puderzucker · je 1 Prise Zimtpulver, gemahlener Kardamom und Vanillepulver · 10 Minzeblätter

1 Für die Schokosauce die Milch aufkochen und vom Herd nehmen. Die Kuvertüre unterrühren und schmelzen lassen. Die Orangenschale dazugeben und die Schokosauce bei Zimmertemperatur abkühlen lassen.

2 Die Birnen waschen, vierteln, entkernen und in Spalten schneiden. Eine Pfanne mild erhitzen, die Butter darin schmelzen lassen und den Ingwer dazugeben. Die Birnen auf beiden Seiten leicht anbraten. Puderzucker, Kardamom, Zimt- und Vanillepulver daraufstreuen. Birnen auf vorgewärmten Tellern anrichten, Sauce darum herumträufeln und mit Minze garnieren.

> Variante zum Gewichthalten

360 kcal *1 EL gehackte Walnusskerne pro Portion liefert zusätzlich gesunde Omega-3-Fettsäuren.*

* Alle Nährwertangaben beziehen sich auf eine Portion

Apfelscheiben
mit Vanille-Zimt-Joghurt

130 kcal *Eiweiß: 2,5 g · Fett: 5 g*
Kohlenhydrate: 18 g · Ballaststoffe: 1,5 g

Zutaten für 2 Personen:

2 kleine Äpfel (150 g, z. B. Elstar) · 1 TL Butter · 1 TL Puderzucker · ½ TL abgeriebene unbehandelte Orangenschale · 100 g Joghurt (1,5 % Fett) · 1 Msp. Vanillemark · ¼ TL Zimtpulver · 1 TL Honig · 1 TL Omega-3-Öl (z. B. Frühstücks Power Öl, Leinöl)

1 Die Äpfel waschen und das Kernhaus ausstechen. Äpfel in 1 bis 1 ½ cm dicke Scheiben schneiden. Eine Pfanne bei milder Temperatur erhitzen, die Butter darin schmelzen lassen und die Apfelscheiben darin auf beiden Seiten je etwa 2 Minuten andünsten. Den Puderzucker und die Orangenschale daraufstreuen.

2 In einem kleinen Topf 1 EL Joghurt mit Vanillemark und Zimt leicht erwärmen. Mit restlichem Joghurt, Honig und Öl glatt rühren. Die Apfelscheiben auf Teller verteilen und den Joghurt darum herumträufeln.

> Variante zum Gewichthalten

160 kcal *Streuen Sie pro Person 1 TL gehackte Pistazien auf die Apfelscheiben.*

Gegrillte Ananas
mit Blaubeerragout

150 kcal *Eiweiß: 1 g · Fett: 2 g*
Kohlenhydrate: 31 g · Ballaststoffe: 4,5 g

Zutaten für 2 Personen:

350 g Ananas (geputzt ca. 200 g) · ½ TL Olivenöl · evtl. 1 TL Puderzucker · 120 g Heidelbeeren · ½ TL Speisestärke · 100 ml Heidelbeersaft · 1 EL Zucker (15 g) · 2–3 Splitter Zimtrinde · ¼ Vanilleschote (aufgeschlitzt) · 1 Scheibe Ingwer · je ½ Streifen unbehandelte Zitronen- und Orangenschale

1 Ananas schälen, in 1 cm dicke Scheiben schneiden und den Strunk ausstechen. Eine Grillpfanne erhitzen und das Öl mit einem Pinsel darin verteilen. Ananasscheiben auf beiden Seiten 1 bis 2 Minuten braten und eventuell mit Puderzucker bestäuben.

2 Heidelbeeren verlesen und waschen. Stärke mit 2 EL Heidelbeersaft glatt rühren. Restlichen Saft mit Zucker aufkochen, mit Stärke leicht sämig binden. Zimt, Vanille, Ingwer, Zitronen- und Orangenschale hinzufügen. Lauwarm abkühlen lassen, durch ein Sieb gießen und mit den Beeren mischen. Mit Ananas auf Tellern anrichten.

> Variante zum Gewichthalten

275 kcal *Ein feiner Kontrast zur gegrillten Frucht ist 1 Kugel Vanilleeis pro Portion.*

Gegrillte Melone
mit schwarzem Pfeffer

180 kcal *Eiweiß: 3,5 g · Fett: 9 g*
Kohlenhydrate: 21 g · Ballaststoffe: 0,5 g

Zutaten für 2 Personen:

100 g Joghurt (1,5 % Fett) · 1 TL Honig · ½ TL abgeriebene unbehandelte Limettenschale · 1 TL Limettensaft · 1 TL Omega-3-Öl (z. B. Frühstücks Power Öl, Leinöl) · 400 g Wassermelone · schwarzer Pfeffer aus der Mühle · 2 TL Olivenöl

1 Den Joghurt mit Honig, Limettenschale und -saft sowie dem Omega-3-Öl verrühren.

2 Die Wassermelone schälen und das Fruchtfleisch in 1 cm dicke Scheiben schneiden. Einen Sandwichmaker (ersatzweise eine Grillpfanne) vorheizen und die Melonenstücke darin ohne Fett kurz grillen.

3 Die Melonenstücke auf Teller verteilen, etwas Pfeffer grob darübermahlen und das Olivenöl darüberträufeln. Den Limettenjoghurt darum herumziehen.

> Variante zum Gewichthalten

305 kcal *Reichen Sie pro Person 1 Kugel Pistazieneis dazu – das Eis passt geschmacklich sehr gut zur Melone.*

Buttermilchmousse
mit Kardamom-Erdbeeren

260 kcal pro Portion
Eiweiß: 4,5 g · Fett: 13 g · Kohlenhydrate: 29 g
Ballaststoffe: 2 g · Zubereitung: 20 Min.

1 Für die Mousse die Gelatine in kaltem Wasser einweichen. Die Buttermilch mit dem Zitronensaft, der Zitronenschale und der Hälfte des Puderzuckers in einer Metallschüssel über einem Wasserbad leicht erwärmen, aber nicht kochen. Die Gelatine ausdrücken und unter Rühren in der warmen Buttermilch auflösen.

2 Die Schüssel mit der Buttermilch-Gelatine-Mischung in ein kaltes Wasserbad stellen und mit einem Schneebesen kalt rühren.

3 Die Sahne mit dem restlichen Puderzucker cremig schlagen und unter die kalte Buttermilchmasse rühren. Die Masse in Portionsförmchen (à 150–200 ml Inhalt) füllen und zugedeckt im Kühlschrank etwa 2 Stunden fest werden lassen.

4 Für die Erdbeeren den Kardamom in eine Gewürzmühle füllen. Die Erdbeeren waschen, putzen, vierteln und mit Puderzucker bestäuben. Einige Tropfen Zitronensaft dazugeben und mit etwas gemahlenem Kardamom aus der Mühle würzen.

5 Zum Anrichten die Förmchen bis knapp unter den Rand kurz in kochend heißes Wasser tauchen und die Buttermilchmousse auf Dessertteller stürzen. Die Erdbeeren darum herum verteilen und die Desserts mit Minzeblättern garnieren.

Zutaten für 2 Personen:

Für die Mousse: 1 Blatt Gelatine · 100 g Buttermilch · 1 EL Zitronensaft · 1 Msp. abgeriebene unbehandelte Zitronenschale · 30 g Puderzucker · 80 g Sahne

Für die Erdbeeren: ¼ TL Kardamomsamen · 200 g Erdbeeren · 10 g Puderzucker · einige Tropfen Zitronensaft

Außerdem: einige Minzeblätter

> Variante zum Gewichthalten

290 kcal *Je 1 TL grob gehackte Pistazien oder geröstete Pinienkerne pro Portion erhöht den Fettgehalt des Desserts um jeweils etwa 3 g.*

Quarkschaum

mit gemischten Beeren

285 kcal pro Portion
Eiweiß: 10 g · Fett: 14 g · Kohlenhydrate: 29 g
Ballaststoffe: 2 g · Zubereitung: 20 Min.

1 Den Schichtkäse mit einem Drittel des Zuckers, der Zitronen- und Orangenschale, dem Zitronen- und Orangensaft sowie dem Vanillemark glatt rühren.

2 Die Sahne halbsteif schlagen. Das Eiweiß mit dem restlichen Zucker und 1 kleinen Prise Salz cremig schlagen. Die Sahne und das Eiweiß unter die Schichtkäsemasse heben.

3 Ein Sieb mit einem sauberen Küchentuch auslegen und in eine Schüssel hängen. Die Schichtkäsemasse hineinfüllen, mit Frischhaltefolie bedecken und 3 Stunden im Kühlschrank abtropfen lassen, sodass sich die Konsistenz stabilisiert. Anschließend sofort weiterverwenden oder in eine Schüssel umfüllen, damit der Quarkschaum die optimale Konsistenz behält.

4 Für die gemischten Beeren die Erdbeeren waschen, putzen und vierteln. Die Himbeeren, Brombeeren, Heidelbeeren und Johannisbeeren verlesen und waschen. Die Beeren mit Puderzucker bestäuben, mit Zitronensaft beträufeln und alles vorsichtig vermischen.

5 Zum Anrichten die Beeren auf Dessertteller verteilen. Von dem Quarkschaum mit einem Esslöffel Nocken abstechen und auf die Beeren setzen, den Löffel dabei immer wieder in heißes Wasser tauchen.

Zutaten für 2 Personen:

Für den Quarkschaum: 65 g Schichtkäse (10 % Fett i. Tr.; ersatzweise Quark) · 25 g Zucker · je 1 Msp. abgeriebene unbehandelte Zitronen- und Orangenschale · 1 TL Zitronensaft · 1 EL Orangensaft · 1 Msp. Vanillemark · 80 g Sahne · 2 Eiweiß · Salz

Für die Beeren: 200 g gemischte Beeren (Erdbeeren, Himbeeren, Brombeeren, Heidelbeeren, Johannisbeeren) · 1 EL Puderzucker (15 g) · einige Tropfen Zitronensaft

> Variante zum Gewichthalten

315 kcal *Rösten Sie 1 TL Mandelblättchen pro Person in einer Pfanne ohne Fett goldbraun an, lassen Sie sie abkühlen und streuen Sie sie auf den Quarkschaum.*

Schneenockerl

auf Himbeermark

150 kcal pro Portion
Eiweiß: 5,5 g · *Fett:* 2 g · *Kohlenhydrate:* 27 g
Ballaststoffe: 4,5 g · *Zubereitung:* 20 Min.

Zutaten für 2 Personen:

Für das Himbeermark: *125 g Himbeeren · 1 gestr. EL Zucker (12 g) · einige Tropfen Zitronensaft · etwas Puderzucker zum Abschmecken*

Für die Schneenockerl: *½ Vanilleschote · ¼ l Milch (1,5 % Fett; nur zum Kochen, kann später anderweitig verwendet werden) · 2 Splitter Zimtrinde · je 1 Streifen unbehandelte Zitronen- und Orangenschale · 2 Eiweiß · 30 g Zucker · Salz*

Zum Anrichten: *40 g Himbeeren · 2 EL Heidelbeeren · 1 TL gehackte Pistazien · 2 Minzespitzen*

1 Für das Himbeermark die Himbeeren verlesen und waschen. Die Früchte mit dem Zucker und dem Zitronensaft in einen hohen Rührbecher geben und mit dem Stabmixer pürieren. Das Himbeermark durch ein Sieb in eine Schüssel streichen.

2 Für die Schneenockerl die Vanilleschote längs aufschneiden und das Mark mit einem spitzen Messer herauskratzen. Die Milch mit dem Vanillemark, der Zimtrinde sowie der Zitronen- und Orangenschale in einem weiten Topf einmal aufkochen lassen. Die Hitze reduzieren und den Topf eventuell etwas von der Herdplatte ziehen, damit die Temperatur bis knapp unter den Siedepunkt sinkt.

3 Inzwischen das Eiweiß mit dem Zucker und 1 Prise Salz steif schlagen. Zwei Esslöffel in kaltes Wasser tauchen und damit aus dem Eischnee 6 Nockerl abstechen. Die Nockerl in die heiße Milch setzen und zugedeckt knapp unter dem Siedepunkt etwa 5 Minuten ziehen lassen – die Milch sollte dabei etwas dampfen, darf aber nicht kochen.

4 Das Himbeermark auf Dessertteller verteilen. Die Schneenockerl mit dem Schaumlöffel aus der Milch nehmen, kurz abtropfen lassen und auf dem Himbeermark anrichten.

5 Die Himberen und Heidelbeeren zum Garnieren verlesen und waschen. Die Schneenockerl mit den Pistazien, Himbeeren und Heidelbeeren bestreuen und mit der Minze garnieren.

> Variante zum Gewichthalten

170 kcal *Streuen Sie pro Person zusätzlich 1 TL zerstoßene Amaretti auf die Schneenockerl. Geben Sie die Amaretti zum Zerkleinern in einen kleinen Gefrierbeutel und rollen Sie mit einem Nudelholz darüber.*

Milchpudding

mit Papaya

210 kcal pro Portion

Eiweiß: 6,5 g · *Fett:* 8 g · *Kohlenhydrate:* 28 g
Ballaststoffe: 3,5 g · *Zubereitung:* 30 Min.

Zutaten für 2 Personen:

Für den Milchpudding: *½ Vanilleschote · 200 ml Milch (1,5 % Fett) · je 1 Prise Zimtpulver und gemahlener Kardamom · 1 Streifen unbehandelte Zitronenschale · 1 Streifen unbehandelte Orangenschale · 20 g Zucker · 2 Blatt Gelatine · 40 g Sahne*

Für die Papaya: *1 reife Papaya (400 g) · 1 Spritzer Zitronensaft · 1 Stück Zimtrinde zum Reiben*

1 Für den Milchpudding die Vanilleschote längs aufschneiden und das Mark mit einem spitzen Messer herauskratzen. Die Milch mit der Vanilleschote, dem Vanillemark, dem Zimt, dem Kardamom, der Zitronen- und Orangenschale und dem Zucker in einem Topf aufkochen. Vom Herd nehmen und 10 Minuten ziehen lassen.

2 Die Gelatine in kaltem Wasser einweichen. Die Gewürzmilch durch ein Sieb in eine Schüssel gießen. Die Gelatine gut ausdrücken und unter Rühren in der heißen Gewürzmilch auflösen. Abkühlen lassen, bis die Masse zu gelieren beginnt.

3 Die Sahne steif schlagen und unter die gelierende Creme heben. Die Masse in Portionsförmchen (à ca. 150 ml Inhalt) oder Gläser füllen und zugedeckt im Kühlschrank mindestens 2 Stunden fest werden lassen.

4 Die Papaya schälen, halbieren und entkernen. Das Fruchtfleisch in Würfel schneiden und mit etwas Zitronensaft beträufeln. Ein Viertel davon in einen hohen Rührbecher geben und mit dem Stabmixer pürieren.

5 Zum Anrichten den Milchpudding auf Dessertteller stürzen. Die Papayasauce darum herumträufeln und die Papayawürfel daraufstreuen. Ein wenig Zimtrinde über die Papaya reiben.

> Variante zum Gewichthalten

290 kcal *Statt der Papayasauce können Sie das Himbeermark von den Schneenockerln auf Seite 160 zu dem Milchpudding servieren und zusätzlich je 1 TL gehackte Pistazien aufstreuen. Die Papayastücke werden dann nicht püriert, sondern komplett als Würfel aufgestreut.*

Marzipancreme

mit Aprikosen-Brombeer-Röster

280 kcal pro Portion

Eiweiß: 6 g · Fett: 17 g · Kohlenhydrate: 26 g
Ballaststoffe: 2,5 g · Zubereitung: 30 Min.

Zutaten für 2 Personen:

Für die Creme: 1 Blatt Gelatine · 30 g Marzipanrohmasse · 80 ml Milch (1,5 % Fett) · 1 TL Amaretto (ital. Mandellikör) · 70 g Sahne

Für den Röster: 4 mittelgroße Aprikosen · 1 TL Puderzucker · 120 ml Orangensaft · ¼ Vanilleschote (aufgeschlitzt) · 1 Splitter Zimtrinde · 1 Streifen unbehandelte Orangenschale · 70 g Brombeeren

1 Für die Creme die Gelatine in kaltem Wasser einweichen. Die Marzipanrohmasse mit der Milch in einen hohen Rührbecher geben und mit dem Stabmixer glatt pürieren. 2 bis 3 EL Marzipanmilch leicht erwärmen, die Gelatine gut ausdrücken und darin auflösen. Die Gelatine-Marzipan-Milch zur restlichen Marzipanmilch geben und den Amaretto unterrühren. Die Masse abkühlen lassen, bis sie zu gelieren beginnt.

2 Die Sahne halbsteif schlagen. Sobald die Marzipanmilch anfängt zu gelieren, die Sahne unterheben. Die Masse in Portionsförmchen füllen (ca. 150 ml Inhalt) und zugedeckt im Kühlschrank mindestens 2 Stunden fest werden lassen.

3 Für den Aprikosen-Brombeer-Röster die Aprikosen waschen, halbieren, entkernen und in schmale Spalten schneiden. Den Puderzucker in einer Pfanne bei mittlerer Hitze hell karamellisieren. Die Aprikosenspalten hinzufügen, auf beiden Seiten andünsten und wieder herausnehmen.

4 Orangensaft, Vanilleschote, Zimtrinde und Orangenschale in die Pfanne geben. Den Saft auf ein Drittel einköcheln lassen, anschließend Vanille, Zimtrinde und Orangenschale wieder entfernen. Die Brombeeren verlesen, waschen und mit den Aprikosen in die Orangensauce geben.

5 Zum Anrichten die Creme auf Teller stürzen und den Aprikosen-Brombeer-Röster darum herum verteilen.

> Variante zum Gewichthalten

300 kcal *Den Aprikosen-Brombeer-Röster können Sie noch mit 1 TL kalter Butter verfeinern, die unter die eingeköchelte Orangensauce gerührt wird. Dadurch erhöht sich der Fettgehalt nur minimal.*

Pfannkuchen

mit Pflaumenröster

210 kcal pro Portion

Eiweiß: 6,5 g · Fett: 8 g · Kohlenhydrate: 23 g
Ballaststoffe: 1,5 g · Zubereitung: 20 Min.

1 Für die Pfannkuchen das Mehl mit der Milch, dem Ei, dem Vanillemark, 1 Prise Salz und der Zitronenschale glatt rühren.

2 Eine beschichtete Pfanne (16–20 cm Durchmesser) bei mittlerer Temperatur erhitzen und die Hälfte der Butter darin zerlassen. Die Hälfte des Teigs in der Pfanne verteilen und auf beiden Seiten goldbraun ausbacken. Den zweiten Pfannkuchen auf die gleiche Weise mit der restlichen Butter und dem restlichen Teig zubereiten.

3 Für den Pflaumenröster die Pflaumen waschen, halbieren, entkernen und in Spalten schneiden. In einer Pfanne den Puderzucker bei mittlerer Hitze hell karamellisieren. Vanilleschote, Zimt, Ingwer und Orangenschale hineingeben, die Pflaumen daraufgeben und auf beiden Seiten erhitzen. Mit dem Rotwein ablöschen, den Orangensaft hinzufügen und auf die Hälfte einköcheln lassen. Vanilleschote, Zimt, Ingwer und Orangenschale wieder entfernen.

4 Zum Anrichten die Pfannkuchen eventuell nochmals kurz in der Pfanne erwärmen, beliebig zusammenfalten und auf vorgewärmte Dessertteller legen. Den Pflaumenröster darauf verteilen.

Zutaten für 2 Personen:

Für die Pfannkuchen: 25 g Mehl · 50 ml Milch (1,5 % Fett) · 1 Ei · 1 Msp. Vanillemark · Salz · 1 Msp. unbehandelte abgeriebene Zitronenschale · 10 g Butter zum Ausbacken

Für den Pflaumenröster: 3 Pflaumen (à 100 g) · 1 TL Puderzucker · ¼ Vanilleschote (aufgeschlitzt) · 1 kleines Stück Zimtrinde · 1 Scheibe Ingwer · 1 Streifen unbehandelte Orangenschale · 70 ml Rotwein · 3 EL Orangensaft

> Varianten zum Gewichthalten

335 kcal *Mit 1 Kugel Eiscreme pro Person, z. B. Vanilleeis, kommen Schleckermäuler voll auf ihre Kosten.*

260 kcal *Gesunde Fettsäuren erhalten Sie durch das Aufstreuen von ½ EL gehackten Walnüssen je Portion.*

Sachregister

Rezeptregister

Bildnachweis

Dr. Kai-Uwe Nielsen: 4 (o.), 7, 8

Eising Studio | Food Photo & Video: Martina Görlach 16, 28, 29, 44, 45, 47, 49, 51, 57, 59, 77, 93, 111, 113, 115, 149; Susie Eising 4 (m.), 4 (u.), 5, 42, 54, 60, 61, 63–67, 70–74, 81–83, 86, 87, 89, 90, 96–99, 103–108, 116, 117, 119, 122, 123, 126, 127, 131–133, 136, 137, 140, 141, 143, 144, 145, 146, 150, 151, 153, 156–159, 162, 163

fotolia: Barbara Pheby 35 (o.), 36 (2. v. o.); by-studio 32 (2. v. u.); Doris Heinrichs 33 (u.); ExQuisine 33 (m.); fuzzbones 53 (m.); Schlierner 33 (2. v. u.); jd-photodesign 37 (m.); Kaarsten 37 (2. v. u.); L. Klauser 36 (2. v. u.); Martina Roth 36 (m.); Mkphotography 36 (o.); rdnzl 30 (2. v. u.); Shawn Hempel 31 (u.); Teamarbeit 34 (o.); Thomas Francois 32 (2. v. o.); volff 41 (2. v. u.); zerbor 59 (u. r.)

Hark Weidling: 21

Stockfood: Bischof, Harry 39 (2. v. o.); Braun, Stefan 34 (2. v. u.); Cimbal, Walter 34 (2.v. o.), 39 (u.); Cooke, Colin 35 (m.); Eising Studio - Food Photo & Video 31 (o.), 31 (m.), 35 (2. v. u.), 37 (o.), 38 (m.), 38 (u.), 40 (2. v. o.), 41 (u.), 53 (u.); Foodcollection GesmbH 38 (2. v. o.), 39 (o.); FoodPhotography 26; Gross, Petr 32 (u.); Hailight 35 (2.v.o.); Koeb, Ulrike 30 (u.); Lutterbeck, Barbara 37 (2. v. o.); 41 (o.); Mick/FC 40 (m.); Morrison, Ted 35 (u.); Newedel, Karl 32 (m.), 33 (2. v. o.), 57 (u. r.), 40 (u.); Nilsson, P. 34 (u.), Osborne, Ria 36 (u.); Persson, Per Magnus 59 (o. l.); Pfisterer, Walter 39 (m.); Plewinski, Antje 40 (o.); Puksic, Janez 37 (u.); Rees, Peter 30 (o.); Rynio 53 (o.); Schieren, Bodo A. 40 (2. v. u.); Studio R. Schmitz 30 (2. v. o.); Teubner Foodfoto GmbH 38 (m.); Westermann, Jan-Peter 38 (o.); Urban, Martina 33 (o.); Visions B.V. 34 (m.); Winkelmann, Bernhard 39 (2. v. u.); Zogbaum, Armin 32 (o.)